华设设计集团股份有限公司学术专著

Planning and Design of Trunk Highway During Urban Transformation

干线公路城市化改造规划设计

张健康　陈　飞　等　编著

人民交通出版社股份有限公司

北　京

内容提要

本书在分析干线公路城市化改造临界条件的基础上,根据干线公路城市化改造项目中道路服务对象及交通组成的改变,确定干线公路改造后道路新的功能定位,并对干线公路城市化改造道路进行分级;提出干线公路设计速度等级优选、干线公路横断面布置、线形设计指标选取、出入口安全设计、平交口立体化改造、道路接入优化、道路配套设施及道路安全评价等方面的设计理论与方法,形成具有指导意义的一般性干线公路城市化改造规划设计关键技术。

本书可供从事干线公路城市化改造工程建设的相关人员参考使用。

图书在版编目(CIP)数据

干线公路城市化改造规划设计/张健康等编著.—北京:人民交通出版社股份有限公司,2022.10
ISBN 978-7-114-18202-0

Ⅰ.①干… Ⅱ.①张… Ⅲ.①城市道路—干线道路—公路规划②城市道路—干线道路—设计 Ⅳ.①U412.37

中国版本图书馆 CIP 数据核字(2022)第 165189 号

华设设计集团股份有限公司学术专著
Ganxian Gonglu Chengshihua Gaizao Guihua Sheji

书　　　名:	干线公路城市化改造规划设计
著 作 者:	张健康　陈　飞　等
责任编辑:	丁　遥
责任校对:	孙国靖　宋佳时
责任印制:	刘高彤
出版发行:	人民交通出版社股份有限公司
地　　　址:	(100011)北京市朝阳区安定门外外馆斜街 3 号
网　　　址:	http://www.ccpcl.com.cn
销售电话:	(010)59757973
总 经 销:	人民交通出版社股份有限公司发行部
经　　　销:	各地新华书店
印　　　刷:	北京市密东印刷有限公司
开　　　本:	787×1092　1/16
印　　　张:	11
字　　　数:	268 千
版　　　次:	2022 年 10 月　第 1 版
印　　　次:	2022 年 10 月　第 1 次印刷
书　　　号:	ISBN 978-7-114-18202-0
定　　　价:	60.00 元

(有印刷、装订质量问题的图书,由本公司负责调换)

本书编委会

主　编：张健康

副主编：陈　飞　成　军

参　编：徐一岗　姚　宇　姜　舟　许明军
　　　　丁健华　李剑锋　孔令赏　凌　镭
　　　　王伟成　刘　敏　咼贵春　尚春花
　　　　何　平　闫　新　董　浩　曹　俊
　　　　李忠林

前言

PREFACE

自20世纪90年代开始,中国进行了大规模的公路建设活动,公路总里程快速增长,干线公路也得到了快速发展。干线公路总里程的增长,促进了沿线经济的发展,加快了城市化进程。随着城市化的不断推进,公路逐渐向城市道路演变,干线公路逐渐成为大城市区域范围的主要内部通道。

原有干线公路的主要服务对象是快速过境的机动车,并未设置非机动车道、人行道以及公交站台等城市功能设施,导致行人、非机动车与机动车的出行冲突增多,不仅大大降低了机动车的车速和通行能力,还对行人和非机动车的安全造成了威胁。这些因素最终导致干线公路难以发挥其过境交通快速和组团交通疏散的作用,原有的公路功能在逐渐衰退,而城市道路功能又不完善,不能满足城市化地区居民的出行需求。

随着城市化进程的加快,原有干线公路越来越不能适应城市化的要求,通行效率低下且安全问题突出,亟待进行改造。而如何进行干线公路的城市化改造是一个新的课题,很多技术还有待进一步研究。笔者在江苏交通科技项目"干线公路城市化改造规划设计关键技术研究"成果的基础上,结合最新技术发展,进一步推敲和提炼,编写本书,希望能对相关从业者有所启发。

本书的具体内容如下:

(1)干线公路城市化改造技术标准选用。在分析干线公路与城市化互动机理的基础上,对干线公路城市化改造临界条件进行研究,研究干线公路城市化改造的技术标准,并在此基础上明确相应的道路功能定位,对干线公路城市化改造道路进行分级。

（2）干线公路城市化改造总体设计。根据《公路路线设计规范》（JTG D20—2017）以及《城市道路路线设计规范》（CJJ 193—2012），提出干线公路城市化改造的总体设计原则；根据干线公路城市化改造主线平交口立体化改造形式的不同，定性比较分析平交口改造形式以及相交道路穿越方式的优劣。

（3）干线公路城市化改造几何设计。在确定干线公路城市化改造设计速度的基础上，对道路的路线设计以及交叉设计指标体系进行研究。通过干线公路主辅路间出入口形式及安全性分析，提出合理的加减速车道长度，并对不同类型的出入口最小间距进行论证。研究接入管理技术在城市化地区干线公路出入口的应用，提出相应的道路接入管理方式。

（4）干线公路城市化改造相关专业设计。从道路工程、桥隧工程、排水工程、管线综合工程、附属工程五个方面阐述干线公路作为高等级公路，在城市化改造过程中，与普通公路、市政道路改造的差异及特点。

（5）干线公路城市化改造工程仿真评价。充分利用较成熟的研究成果和仿真手段对项目路方案进行评价方法探讨，通过采集驾驶员生理、心理反馈数据进行数据分析有较强的可靠性，在指导道路设计及安全评价中有较大的优势。

本书由华设设计集团股份有限公司张健康和东南大学交通学院陈飞等人共同编写，并得到了其他人员的大力支持，在此表示感谢！

由于笔者水平有限，书内难免有疏漏和不当之处，欢迎读者朋友们批评指正。

编著者
2021 年 10 月

目录

第1章 概述

1.1 背景 ···································· 1

1.2 国内外研究现状 ·························· 2

1.3 典型项目介绍 ···························· 3

第2章 干线公路城市化改造案例调查与分析

2.1 干线公路城市化改造项目调查 ·············· 10

2.2 干线公路城市化改造存在的主要问题 ········ 12

2.3 技术重难点分析 ·························· 13

第3章 干线公路城市化改造的特性

3.1 城市化与干线公路建设的关系 ·············· 16

3.2 城市化地区干线公路的交通组成与特点 ······ 18

3.3 干线公路城市化改造临界条件研究 ·········· 19

第4章 干线公路城市化改造技术标准选用

4.1 干线公路城市化改造道路分级研究 ·········· 30

4.2 干线公路城市化改造技术标准选用 ·········· 35

第 5 章　干线公路城市化改造总体设计

5.1　总体设计原则 44
5.2　平交口立体化改造 46

第 6 章　干线公路城市化改造路线设计

6.1　横断面设计 55
6.2　平面设计 67
6.3　纵断面设计 75
6.4　线形组合设计 78

第 7 章　干线公路城市化改造交叉设计

7.1　平面交叉设计 79
7.2　立体交叉设计 81

第 8 章　主辅路出入口设置及其安全性分析

8.1　主辅路出入口安全设计 88
8.2　变速车道长度分析 93
8.3　出入口最小间距分析 99
8.4　出口宽度分析 106

第 9 章　接入管理技术的应用

9.1　城市化地区干线公路出入口存在的问题 111
9.2　道路接入管理技术 111
9.3　接入管理技术在城市化地区干线公路出入口的应用 112

第 10 章　干线公路城市化改造相关专业设计

10.1　道路工程 116
10.2　桥隧工程 122
10.3　排水工程 134

| 10.4 | 管线综合工程 | 136 |
| 10.5 | 附属工程 | 137 |

第11章 干线公路城市化改造工程仿真评价

| 11.1 | 交通安全评价 | 142 |
| 11.2 | 工程仿真评价 | 156 |

参考文献

第1章 概述

1.1 背景

改革开放以来,我国城镇化速度加快,城镇化率由1978年的17.92%增长到2019年末的60.60%。自20世纪90年代中后期以来,我国城镇化进入高速发展期,投资、产业在城镇的集中和城镇化基础设施的发展等,直接带动了经济的高速发展。进入21世纪新的经济增长阶段,为了实现经济引擎的转变,保持经济发展动力,需要新型城镇化的支撑。加快推进新型城镇化,将扩大内需,促进我国经济长期平稳较快发展和社会和谐进步。

根据发达国家的普遍规律,当一个国家城市化水平达到40%左右时,城市化进程将进入20年左右的高速发展阶段,我国正处于这样的时期。相较于城市化水平,城镇化是中国扩大内需的重要源泉,也是实现中国现代化的重要标志,对指导道路等基础设施建设更具有实际意义。以沿海部分发达地区为例,城市规模不断扩大,城市与城市、城市与乡镇之间的界限已经越来越模糊,城市之间的乡村消失速度正在加快,取而代之的是连片的企业与工厂,部分地区甚至已全部实现城镇化。在城镇化的背景下,农村人口加快向乡镇人口及城市人口转变,居民出行需求亦空前高涨,部分地区道路等基础设施建设已经不能适应快速增长的出行需求,造成出行效率低下,事故增多,制约区域经济发展。

自20世纪90年代开始,我国开展了大规模的公路建设活动,公路总里程快速增加,干线公路总里程也随之增加。干线公路总里程的快速增加,带动了沿线经济的快速发展,加快了城市化的进程。然而这种经济的发展模式主要是一种沿干线公路发展的以点带线的经济模式,随着近几十年经济的快速发展和城市化的快速推进,经济发展开始转为块状发展的经济模式,伴随而来的是公路逐渐向城市道路演变,干线公路逐渐成为大城市区域范围的主要内部通道。

在这种发展模式下,由于在前期建设设计干线公路时并没有对该地区的多种交通对象(如行人和非机动车)的出行进行全面考虑,没有准确地定位该地区干线公路的功能,随着该地区城市化进程的加快,原先的乡镇变为街道,干线公路两侧也布满了新的小区、工厂,行人及非机动车的出行增加,这就带来了很多问题。由于原有的干线公路主要考虑的是快速过境的机动车,并未设置非机动车道、人行道以及公交站台,行人、非机动车以及公交车的通行就成为问题;行人和非机动车出行的增多,导致行人、非机动车与机动车的出行冲突增多,不仅大大降低了机动车的车速和通行能力,还对行人和非机动车的安全造成了威胁。

这些问题最终导致干线公路难以发挥其过境交通快速和组团交通疏散的作用,原有的公路功能在逐渐衰退,而城市道路功能又不完善,即原有的干线公路不能适应城市化地区居民的出行需求。

由于原有干线公路不能适应城市化的要求,通行效率低下且安全问题突出,因此需要改造的干线公路项目较多。调查已经改造的干线公路以及正在进行干线公路城市化改造的道路发现,改造项目虽已意识到需要考虑干线公路的城市功能,但由于缺乏系统全面的考虑,从而导致公路在改造中以及改造后仍存在一定问题,主要体现在以下五个方面:

(1)由于规划不合理,路网不能成环成网,道路横向沟通节点布置与周边区域发展不匹配,不能形成合理的城市交通走廊,并造成一定的土地资源浪费。

(2)由于原有干线公路采用公路设计指标,在改造过程中,为了兼顾公路功能及城市道路功能,同时为了控制工程造价并减少拆迁,在设计指标选用上标准模糊,致使城市道路设计指标与公路设计指标使用混乱。

(3)改造后干线公路主线设计速度一般较高,然而部分主线平交口未进行立体化改造,致使整条道路平均行车速度仍较低,主路出行效率并没有明显提升,同时主线上未进行立体化改造的平交口有较大安全隐患。

(4)改造后菱形立交处辅路平交口范围过大,渠化设置不合理,同时辅路未进行道路接入管理与优化,致使辅路开口数量众多,交通混乱,有很大安全隐患。

(5)在干线公路改造过程中,在立交范围内采用主辅路共板形式完善辅路系统,辅路系统与立交系统会产生一定的衔接问题,并造成一定的安全隐患。

因此,本书以城市化地区干线公路改造项目为基础,研究和总结干线公路城市化改造规划设计的理论和方法,以期对今后的干线公路城市化改造项目提供一些帮助。

1.2 国内外研究现状

1.2.1 国外相关实践与研究

在美国,干线公路建于郊区中心形成之前,干线公路的建设使沿线地区出现一批道口区域(互通式立交附近区域),围绕干线公路互通口及其周边地区的开发,形成新的郊区增长中心,郊区城市化加速,导致干线公路穿越大都市区。根据自身的特点,美国主要研究干线公路与城市的布局关系。

与美国的发展模式不同,欧洲许多国家采取严格的规划控制,使城镇发展呈现出与公共交通系统互为依存的良性循环状态,发挥资源聚集作用。

在日本,一般将高等级公路和城市的干线公路集中、统一规划,对高等级公路与城市出入口衔接、高等级公路过境模式、交通与土地的协调关系进行研究,提出适合日本国情的城市布局规划、高等级公路与城市衔接规划、城市出入口规划及发展思路和方法,使各类道路紧密衔接,以发挥路网的整体功能。

1.2.2 国内相关实践与研究

国内对城市化地区干线公路改造设计的系统研究不多,大多是从交通规划和管理的角度出发,如:

陈建新在《城市化地区公路网建设规划与管理策略研究》中研究了公路交通发展与城镇空间重组的关系,并提出在交通网络建设的同时应通过管理手段进一步提高综合运输效率,如客货分流、多式集成的交通策略。

杨煜琪在《城市化地区交通发展战略研究——以苏南地区为例》中基于交通与区域经济的交互作用机制,提出城市化地区应采用交通适度超前于经济、交通对城镇空间的引导控制等战略。

刘海强在《城市化进程中干线公路网发展适应性评价体系研究》中对城市化进程中干线公路的功能进行调整,并从城市化水平和干线公路网两个层面确立了评价指标体系。

朱水坤等在《城市化地区干线公路断面布置形式研究》中提出设置集散车道是解决城市化地区干线公路交通混乱的一种方法。

彭庆艳、蒋应红在《城市化进程中公路与城市道路关系研究——以上海市嘉定区道路系统为例》中提出了城市化进程中新的道路等级分类体系,以功能为划分标准整合了公路与城市道路;并以县区为单位,按照密集区与稀疏区的划分,规定了道路建设模式与路网规划要求。

吴祖峰、茅国振等在《公路与城市道路的融合研究——以宁波市江北区为例》中对公路与城市道路的主要区别以及融合原则、内容方面进行了研究。

姚玲玲在《公路和城市道路技术标准确定探讨》中针对新建道路,分别按照公路、城市道路标准选择设计技术参数,并进行了深入比较。

钟宇翔在《开放式干线公路过境设计研究》中从安全角度出发,对干线公路特别是城镇段的过境方式进行了深入的研究。

综上所述,对于城市化地区干线公路改造的探索,国内很多研究大多停留在规划阶段,对具体的设计改造技术或者指标的选取则缺乏系统的研究,更没有形成体系。由于城市化地区的干线公路兼有公路和城市道路双重功能,因此,如何更好地融合公路和城市道路的设计标准,设计出能够满足城市化地区出行需要的合理的道路,是一个值得探讨的问题。

1.3 典型项目介绍

1.3.1 南京市江北大道快速化改造工程

南京江北快速通道主要由浦珠路(312国道)和宁通公路(328国道)组成。其中宁通公路南京长江大桥北堡至浦泗路段与205国道、104国道共线,又称大桥北路;宁通公路浦泗路至六合段又称江北大道。宁通公路是地区主要的干线公路,是南京通往苏中苏北地区的重要通道,也是南京江北新区等与主城区联系的重要通道,浦珠路还是浦口地区东西向唯一的贯通道路,因此,项目路在地区交通运输网中的位置举足轻重。

随着经济的快速发展,江北大道已经由单纯的公路逐渐演变成兼有公路和城市道路功能的复合型通道,交通量增长非常迅猛。纬七路过江通道开通后,项目路连接了纬七路、长江大桥、长江二桥以及纬三路过江通道,成为浦口、六合通往南京主城最主要的一条连接各过江通道的道路,造成出入交通混杂,交通秩序紊乱,部分路段拥堵严重。在地区内无其他新的快速通道的情况下,非常有必要也非常迫切需要对道路进行快速化改造,将不同性质的交通有效分离,快速疏解出入境交通,改善日趋紧张的过江交通状况,缓解周边地区的交通矛盾,完善江北地区的路网结构。图1-1为南京江北大道快速路建成后实景。

图1-1 南京江北大道快速路实景

从区域路网看,项目路南接南京长江大桥、纬七路和纬三路过江通道,北连浦泗路、二桥高速公路、雍六高速公路、宁洛高速公路和宁连公路,沟通浦口和六合两区,向北可达苏中苏北地区,向南直通南京主城、浦口、六合中心区、合肥方向,不仅是区域公路网的重要组成部分,更是南京都市发展区重要的跨江通道连接线,也是江北副城的重要城市主骨架道路。

从道路功能来看,浦珠路是南京快速二环路的重要组成部分,而江北大道(宁通公路)是南京重要的快速放射线之一。项目改造后,可以与南京绕城公路等组成南京的城市二环路,响应南京市最新推出的拥江发展战略,沟通南京各个过江通道,构筑城市交通主骨架,发挥交通基础设施在"跨江发展"和"沿江开发"战略中的服务、引领和支撑作用,缓解主城及江北副城的交通压力,实现南京交通"畅达、绿色、和谐"的美好愿景,推动江北新市区的社会经济发展。

江北大道全线道路等级为一级公路城市段,设置主辅车道。其中快速主线为双向六车道,设计速度80km/h;辅路为城市主干道,双向四车道,设计速度40km/h。

1.3.2 苏州市苏虞张快速通道改造工程

苏虞张公路沿线平交口较多,存在机动车和行人、非机动车混行,车辆横穿主线等交通现象,有较大的安全隐患,通行能力也大大降低。2008 年,项目路进行了快速化改造,改造路线总长 50.27km。此次改造主要通过设置主线下穿、支线下穿、汽车通道、人行通道,修建集散道路,利用桥孔绕行和对交叉口进行渠化处理等方式对沿线平交道口进行归并、改造和整治,以期实现主线快速化和行人车辆的安全化。此次改造主要设置主线下穿 8 处,支线下穿 2 处。全线原有各类平交口 56 个(平均 0.93km/个),改造后共封闭交叉口 35 处,保留平面交叉口 21 个(平均 2.39km/个)。设计速度采用 100km/h(局部受条件限制的路段,为了节省投资,减小对现有苏虞张主线的影响,采用 80km/h 的设计速度),按双向四车道下穿,两侧各设置一单向双车道的地面匝道,与被交路进行车流转换。

由于首次快速化改造的效果欠佳,2010 年,项目路进行了第二次快速化改造。苏虞张公路再次快速化改造的总体指导思想为"全线利用现状路基宽度改造成非标准六车道,消灭红绿灯,辅路基本贯通",总体原则为"快速、安全、服务沿线、减少干扰"。快速化改造范围起自苏州绕城高速公路(K16+525),经过相城区、常熟辛庄镇、尚湖镇,至张家港境内,与 340 省道相交,路段全长 42.274km。全线采用双向六车道一级公路标准,左右分离主辅路方案。图 1-2 为项目总体效果图。主线设计速度为 100km/h,辅路设计速度为 40km/h。项目于 2012 年 6 月交工验收,预算总金额为 85118 万元,平均每公里造价约 2058 万元。

图 1-2 苏州市苏虞张快速通道总体效果图

此次快速通道改造工程建设本着"低碳环保、快速安全、节约造价"的原则,工程采取主线上跨或支线下穿的方式,改造原红绿灯平交口,通过消除全线平交口,增设两侧辅路分流地方车辆和非机动车,达到提高通行速度、保障行车安全、方便沿线群众出行的目的。图 1-3 为主线上跨方式效果图。设计采用"低碳环保、节能减排""快速安全、系统工程""节约用地、节约造价""灵活运用设计指标"等设计理念,注重与环境相协调。2012年,该项目被评为江苏省首批节能减排示范工程,项目建成后获得普遍好评,成为江苏省干线公路快速化改造的精品工程。

图1-3 苏州市苏虞张快速通道主线高架效果图

1.3.3 无锡市蠡湖大道快速化改造一期工程

蠡湖大道是无锡"二环十射两联"城市快速路网中的南射线,是城市快速路系统的重要组成部分,同时兼顾230省道和608省道的公路功能,对接环太湖高速公路南泉枢纽。蠡湖大道快速化改造工程实现了区域高速公路与城市快速通道的"高快一体化"格局,促进了对外交通的快捷出入,极大提升了无锡的门户形象,对加强苏南区域一体化发展、加快太湖新城产业聚集、促进科教旅游创新发展具有重要意义。另外,蠡湖大道与快速内环(西)、凤翔路构成南北纵向贯通轴线,串联江阴南部片区、惠山新城、无锡主城、太湖新城等多个功能组团,对于实现"七片一带"的总体布局结构以及南拓北展空间发展战略具有重要的支撑作用。

蠡湖大道快速化改造一期工程2016年立项,2019年1月竣工通车。项目北起金石路,南至环太湖高速公路南泉互通收费站,全长约8.5km,道路红线宽度为60.5~73.5m。主线为城市快速路兼一级公路,双向六车道;辅路采用城市主干路标准,双向四车道,局部双向六车道。根据道路网规划及相交道路等级,全线设置枢纽式互通1处、一般互通5处、分离式互通2处。

蠡湖大道紧邻太湖,沿线景区多,景观要求高,道路快速化总体方案采用"地面快速+节点隧道(桥梁)+整体高架"的组合式快速化方案。蠡湖大道快速主线以地面式为主,设隧道下穿周新路(图1-4)、跨线桥上跨高浪路后落地,利用吴都路短隧,设置整体式高架上跨震泽路、具区路后顺接南泉收费站,其中高浪路节点是以地下为主体的枢纽式互通立交。金石路节点设置支线上跨,南湖中路节点设置支线下穿。另外,为了加强蠡湖大道快速路两侧的人非沟通,在大通路、观山路、万达城设置3座人行天桥。

图 1-4 周新路隧道鸟瞰图

高浪路枢纽为蠡湖大道与外环快速路高浪路的交叉节点,近期采用地下三层互通立交+蠡湖大道主线跨线桥方案,并局部预留高浪路主线隧道。节点建成后效果如图 1-5 所示。节点周边地块开发强度较高,东侧为魅力万科城及天鹅湖花园住宅小区,景观环保要求高。为降低工程对两侧小区的影响,东北、东南象限均采用隧道式互通匝道进行衔接,形成地下隧道 Y 形立体交叉。

图 1-5 高浪路枢纽鸟瞰图

高浪路枢纽设置了地下三层互通立交,是国内规模大、垂直开挖深的地下式城市互通立交,垂直开挖基坑最深处达地下 26.5m。由于受到多个控制因素限制,地下互通埋深大,匝道关系错综复杂,基坑规模庞大,而且设计还需考虑隧道对周边建筑物、管线、高架桥梁、交通疏解等众多方面的影响。地下枢纽的围护结构采用"地下连续墙+七道支撑"的方案,同时,地下枢纽设计了详尽的基坑监测方案,全程监测开挖过程中基坑对周边环境的影响。

该项目获得2020年江苏省城乡建设系统优秀勘察设计一等奖。

1.3.4 盐城市内环高架青年路快速化工程

青年路是盐城市重要的东西向干道,是331省道的一部分,也是城市快速路网的重要组成部分,为盐城市"田"字形快速路网中"十"字中的一横,对城市内部交通和对外交通的组织起着十分重要的作用。

青年路(西环路—天山路段)快速化工程起点位于西环路西侧,终点为通榆运河东侧的天山路,全长7.04km。项目采用高架式快速路,主线及地面辅路均采用双向六车道断面形式,全线设置上下匝道5对。工程范围内包含互通立交2处,分别为潘黄枢纽(西环路—青年路交叉口)及五星枢纽(范公路—青年路交叉口),均为大型枢纽式互通立交。

项目路线走向为沿青年路老路由西环向东穿越主城区至范公路,经过铁路和通榆运河段,至终点天山路。为充分利用现状下穿新长铁路通道和通榆运河桥,快速路和辅路中心线位分离,辅路线位直接利用现状老路中心线,快速路线位在其南侧布设,新建上跨新长铁路、通榆运河特大桥,快速路跨越天山路后与辅路中心线位再次重合。

潘黄枢纽位于青年路和西环路两条快速路的交会处,地处中心城区,4个方向的左转弯交通流量均较大,设计均采用右出右进的半直连式左转匝道,线形指标高、通行能力大,同时交通组织方式统一、清晰、高效。枢纽总体布置为5层的X形半直连式全互通立交,立交规模大,桥梁净空最高达33.1m。其中,青年路与西环路辅路为地面一层,青年路高架为第二层,东北、西南象限左转匝道为第三层,东南、西北象限左转匝道为第四层,西环路高架为第五层。由于枢纽地处城市中心建成区,交叉口周边的众多建筑使立交设计受限,增加了立交设计难度。4条半直连式左转匝道及4条右转匝道的采用,使得立交布局紧凑,减少了拆迁及对周边小区的影响,同时线形优美、流畅,提高了立交节点的景观效果。图1-6为潘黄枢纽夜景。

图1-6 潘黄枢纽夜景

五星枢纽位于青年路和范公路两条快速路的交会处,需设置枢纽式互通立交,同时该枢纽与盐城市综合客运枢纽相邻,需要解决立交与客运枢纽之间的衔接问题。盐城综合客运枢纽是高铁、普铁、长途客车、出租车、城市公交等多种交通方式实现"零换乘"的综合客运枢纽。设计采用以涡轮式互通立交为主体,外加连接综合客运枢纽定向匝道的多功能组合式立交体系。图1-7为五星枢纽效果图。五星枢纽周边条件复杂,立交范围内存在多条高铁、普铁线路,互通布设条件受限,同时还需要考虑盐城市综合客运枢纽的进出交通。设计采用将范公路以东的青年路高架主线与地面辅路分离的方式,避开了现状下穿新长铁路箱涵段立交难以布设的问题。涡轮式互通立交共5层,其东北、西北、西南象限转向交通量较大,均设置互通匝道快捷沟通;东南象限转向交通量最小,未设置互通匝道,增设1对预留定向匝道连接综合客运枢纽。

该项目获得2019年江苏省城乡建设系统优秀勘察设计二等奖。

图1-7 五星枢纽效果图

第2章 干线公路城市化改造案例调查与分析

2.1 干线公路城市化改造项目调查

2.1.1 苏州市苏虞张快速通道改造工程

苏州市苏虞张快速通道工程经过两次改造后,主线采用上跨或下穿的方式跨越相交道路,全线消除了平面交叉口,杜绝了横向交通的干扰,大部分路段设有单侧或者双侧辅路。其设计指标为主线采用双向四车道一级公路标准,设计速度100km/h,部分城镇路段(K826+370.6~K829+129.416)采用80km/h进行控制;辅路采用三级公路设计标准,设计速度40km/h。

选取12个被交道路等级较高、周围集镇比较密集的道路节点进行调查,见表2-1。

苏虞张快速通道调查节点　　　　　　　表2-1

序号	交叉桩号	被交路名	道路现况	规划道路等级	与项目路交叉方式	备注
1	K17+435	凤北荡路	二级公路,16m	一级主干路	主线下穿菱形互通	
2	K18+287	凤北路	二级公路,15m	二级主干路	主线上跨菱形互通	
3	K20+506	聚峰路	二级公路,12.5m	二级公路	支线下穿分离式立交	
4	K24+816	杨湘公路	三级公路,7m	县乡道路	主线上跨分离式立交	
5	K27+411	张杨公路	二级公路,14m	二级公路	主线下穿菱形互通	
6	K31+143	342省道	二级公路,16m	一级公路	主线上跨互通立交	已有练塘互通
7	K41+680	王张公路	6.5m	交通性干线公路	主线上跨菱形互通	
8	K49+761	凤凰大道	主干道,26m	城市主干道	主线上跨菱形互通	
9	K51+365	双龙路	次干道,15m	城市次干道	接辅路	
10	K52+160	创业路	次干道,9m	城市次干道	接辅路	
11	K54+798	锡张高速公路	高速公路,34.5m	高速公路	主线上跨互通立交	
12	K58+798	340省道	一级公路,43m	一级公路	平交口	

注:表中道路现况宽度对于公路而言为路基宽度,对于城市道路而言为路面宽度。

调查的内容主要包括:
(1)重要节点交通组成(大小车数量、比例)、交通特性(大小车行车速度、交通流情况)。
(2)不同横断面形式附近道路的几何条件:根据苏虞张公路主线两种典型横断面形式(路堤式、路堑式),对上述选取的节点进行主辅路加减速车道长度以及辅路车道宽度调查。
(3)典型辅路地面平交口交通特性,如基础信息、延误情况等。

2.1.2 南京市江北大道改造工程

南京市江北大道(浦口段)全线道路等级为一级公路城市段,设置主辅车道。其中快速主线为双向六车道,设计速度80km/h;辅路为城市主干道双向四车道,设计速度40km/h。

选取8个被交道路等级较高、周围集镇比较密集的道路节点进行调查,见表2-2。

江北大道调查节点 表2-2

序号	交叉桩号	被交路名	道路等级	与项目路交叉方式	备 注
1	MK3+976.991	万寿路	次干路	隧道	规划主干路
2	FaK7+827.481	吉庆路(珍珠路)	次干路	主线上跨	与浦珠中路连接上下匝道
3	—	铺镇车辆厂路	次干路	主线上跨	附近小区、工厂较多,可调查辅路平交口
4	FcK12+838.937	大桥北路	主干路	主线上跨	
5	MK13+425.277	东大路	次干路	主线上跨	
6	MK16+355.891	学府路	次干路	菱形互通	
7	MK17+994.073 MK17+992.724	永新路 (南钢大道)	主干路 (次干路)	菱形互通	
8	MK20+255.810	杨新路	主干路	菱形互通	

调查的内容主要包括:
(1)重要节点交通组成(大小车数量、比例)、交通特性(大小车行车速度、交通流情况)。
(2)主辅路加减速车道设置形式、长度以及车辆对加减速车道的利用率。
(3)典型辅路地面平交口交通特性,如基础信息、延误情况等。

2.1.3 苏州市苏虞张公路南段改造工程

由于沿线城乡经济发展迅速,苏虞张老路两侧街道化现象严重,道路沿线平交口较多,严重影响主线行车速度,通行能力急剧下降,交通事故频发。针对这一情况,2008年苏州市政府对苏虞张公路太阳路—绕城高速公路段进行了快速化改造。

改造范围起于原312国道(城北西路),路线向北利用沪宁高速公路苏州新区互通北连接线至阳澄湖西路互通预留的桥台处,向北跨过阳澄湖西路互通由东往南的定向匝道(连接阳澄湖路)后,以高架形式绕开三角咀湿地公园的核心区域向北延伸,上跨春申湖路西延的规划线位后,路线继续向北,上跨苏埭路、太阳路(312国道分流线)和黄埭塘(相城区规划Ⅴ级航道),接上既有广济北路线位,利用永丰路向北至绕城高速公路,利用规划长春路线位至北桥互通回至老苏虞张线位。路段全长17.869km。

本次调查根据苏州市苏虞张公路南段快速化改造工程的施工图设计文件,对苏虞张公路南段改造工程采取的设计指标及标准、断面布置形式及辅路系统、高架快速路出入口设置形式、大型枢纽式互通立交布置四个方面进行评价分析。

2.2 干线公路城市化改造存在的主要问题

通过对苏虞张快速通道、江北大道进行实地调查以及对苏虞张公路南段快速化改造工程施工图进行分析评价,可以得出目前干线公路城市化改造存在的三点问题:

(1)规划不合理,土地资源不能集约化利用

干线公路城市化改造中,由于规划不合理,道路的横向沟通节点布置与周边区域发展不匹配,不能形成合理的城市交通走廊,并造成一定的土地资源浪费。例如,对苏虞张公路南段快速化改造工程项目路线布置图及其周边路网和服务片区进行分析可知,其项目路线布设存在以下三点不足:

①过境交通通道形成一定阻隔。项目路段有绕城高速公路及京沪高铁等过境交通通道,其中绕城高速公路以地面方式通过,在地区内斜穿,并在近郊地区设置主线收费站,其进、出口匝道也偏少。京沪高铁以高架方式通过。同时在路段范围内黄埭塘为相城区规划Ⅴ级航道,属苏张支线,受到过境交通通道和通航河道的限制,路网交通会受到较大的阻隔。

②产生立交群。在项目桩号K14至项目终点范围内,由于新苏虞张公路与绕城高速公路平行设置,从而在项目终点处产生了一个范围较大的立交群。立交群之间的间距、交通转换、收费站设置、后期改造等问题国内研究较少,部分技术尚不成熟,需慎重设置。

③地区地块不规则,产生狭长地带。在项目桩号K14至项目终点范围内,新苏虞张公路与绕城高速公路之间形成一个狭长地带。在该路段范围内,苏虞张公路仅对道路右侧范围内起到服务功能,绕城高速公路隔断了苏虞张公路对左侧地区的交通服务功能。同时由于狭长地带宽度仅约为150m,该区域土地基本不能被利用起来,浪费了一定的土地资源。

(2)技术标准、设计指标选用模糊

由于原有干线公路采用公路技术标准,在改造过程中,为了兼顾公路功能及城市道路功能,同时为了控制工程造价并减少拆迁,在设计技术标准选用上比较模糊,致使城市道路技术标准与公路技术标准使用混乱。例如,苏虞张快速通道主线采用的是一级公路技术标准,辅路为三级公路技术标准,但是实地调查发现苏虞张快速通道辅路早晚高峰期非机动车出行量较大,而苏虞张快速通道辅路采用的三级公路技术标准,其断面布置没有专门的非机动车道、人行道,致使非机动车、行人以及机动车共板行驶,有较大的安全隐患。此外,由于干线公路城市化改造项目路上车辆组成及行车特性介于公路与城市道路两者之间,其技术标准中的某些范围性设计指标的选用还有待商榷。

(3) 辅路交通组织混乱,安全问题突出

由于对现有道路系统交通特性分析不足,在改造过程中只重视干线公路主线的改造而忽略了辅路的改造,致使辅路交通组织混乱、安全问题突出,主要表现在以下三个方面:

①干线公路改造过程中立交范围内采用主辅路共板形式,从匝道进入主线的车辆直接经过辅路进入主线,具有一定的安全隐患;且辅路系统与立交系统会产生一定的衔接问题,造成在辅路上行驶的车辆要绕行很长一段距离才能驶入与主线相交的道路,对车辆行驶造成一定的不便。

②改造后主辅路出入口设置的形式、位置以及间距存在不尽合理之处。例如,经现场调查发现,江北大道浦口段减速车道采用的是平行式,而当车辆通过平行式减速车道从主线进入辅路时,其行驶轨迹为 S 形,对驾驶员操作提出了较高的要求。现场调查发现,平行式减速车道的渐变段合流鼻过短,易导致车辆不能沿最外侧附加车道行驶而直接冲入外侧第二、三车道。当辅路交通量较大时,易造成侧碰等行车安全隐患。

此外,高架形式的主辅路出入口间距较短,相邻出入口之间车辆行驶存在一定的交织。

③改造后菱形立交处辅路平交口范围过大,渠化设置不合理;同时辅路未进行道路接入管理与优化,致使辅路开口数量众多,辅路设置形式不统一、不规范,交通混乱。

2.3 技术重难点分析

根据对干线公路城市化改造设计、建成项目案例进行调查研究,得出待分析的技术重难点如下:

(1) 干线公路城市化改造临界条件研究

推动干线公路改造的因素很多,其中内在原因主要体现为城市交通系统的发展需要满足城市空间结构拓展和出行结构转变的要求,而外在原因主要表现为区域城镇群的协调发展需要统筹城市与城际交通发展。研究其改造的临界条件需要筛选相应的指标,包括外部指标和内部指标。外部指标包含城市化地区的生产总值增长率、城市化水平、城市化水平年均增长率、城镇建设用地年均增长率等。内部指标包含交通量、交通量年均增长率和交通构成等。

(2) 道路功能定位及技术标准选取

在对服务对象、服务交通量、交通组成及交通特性改变进行分析的基础上,对干线公路城市化改造后的道路功能重新进行定位。城市化改造干线公路交通组成如图 2-1 所示。

道路功能定位分析不能仅仅分析道路近期功能,还需要对道路远期功能进行全面合理的分析。对干线公路进行功能定位时需要将道路的公路功能及城市道路功能区分对待,根据道路的功能定位,对干线公路改造采用的技术标准进行讨论。图 2-2 为干线公路改造功能定位示意图。

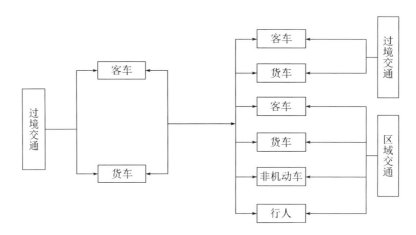

图 2-1 城市化改造干线公路交通组成

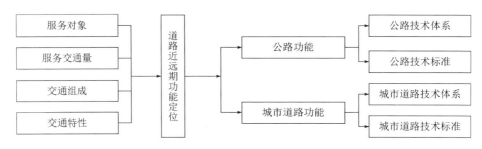

图 2-2 干线公路改造功能定位示意

(3) 横断面形式选取及相应出入口分析

在充分考虑改造项目地区土地规划、用地条件(红线宽度)、经济性、区域开发程度、出行需求、景观需求及环境控制等条件下,分析三种横断面形式(平地整体式、高架+地面形式及隧道+地面形式)的适应性,综合选取最佳横断面形式。不同横断面形式分别对应 3 种不同出入口形式——平地整体式出入口、上下匝道形式出入口及地面交织式出入口,如图 2-3 所示。

(4) 线形设计指标选取

充分调查干线公路车辆组成状况,确定每种车型的组成比例,区分过境交通车辆及区域交通(组团交通)车辆,根据干线公路改造项目期望达到的行车速度确定干线公路设计速度,从而确定主路各设计指标,流程如图 2-4 所示。在平地整体式横断面中,辅路平纵指标和主线大致相同,部分路段可以根据辅路设计速度进行调整。在高架+地面分离式横断面中,对于上下匝道设计指标选用城市道路设计指标还是公路设计指标应结合具体项目具体分析。

(5) 主辅路出入口设计指标选取

对于上下匝道形式出入口,主要根据出入口车道数、大小车比例分析出入口加减速车道长度及匝道纵坡度,流程如图 2-5 所示。对于平地整体式出入口,根据主辅路设计速度,通过模拟车辆加减速过程及交织过程,对主辅路出入口间距进行分析计算。考虑主辅路出入口处主辅路速度差、行车轨迹、行车干扰及是否设置硬路肩确定主辅路加减速车道长度及出口车道宽度。

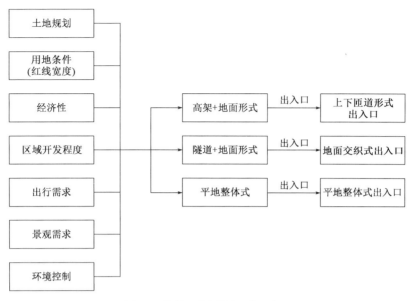

图 2-3 横断面形式影响因素示意图

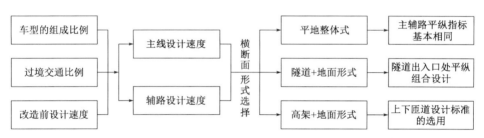

图 2-4 城市化改造干线公路设计指标选取流程

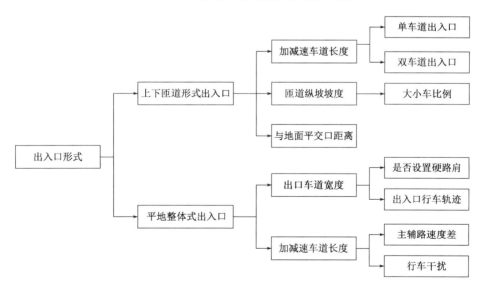

图 2-5 主辅路出入口设计指标选取流程

第 3 章　干线公路城市化改造的特性

3.1 城市化与干线公路建设的关系

3.1.1 城市化对干线公路的影响

(1) 交通对象多样化

干线公路的服务对象是快速过境的机动车。干线公路经过城市化地区时,由于该地区的经济活跃度高,聚集在该地区的企业、工厂以及居民小区增多,非机动车和行人的出行必将叠加在以机动车为服务对象的干线公路上,此时,干线公路上不仅有快速过境的机动车,还有该地区新增加的车辆、非机动车以及行人,这势必导致城市化地区交通对象的多样化。

(2) 组团交通量增长

经济的活跃水平与该地区的交通量有很大的关系。在城市化地区,干线公路的建成在影响过境交通量的同时,由于越来越多的资金、技术、人才聚集在该地区,产品的生产调配以及人员来往联系增多,经济活动频繁,也必将引起该地区交通量的增加,最终导致干线公路上组团交通的比例显著增加。

(3) 要求增加开口数量

城市化地区聚集的企业、工厂以及居民小区增多,为了生产以及出行的方便,增加干线公路开口数量的要求越来越强烈。

总之,城市化地区,城市化对干线公路的影响是多方面的。交通对象的多样化、组团交通量的增长以及要求开口数量增加必将引起该地区干线公路功能的变化。因此,必须对城市化地区的干线公路功能重新进行定位,对其技术标准进行研究,以便设计合理的道路形式来满足各种交通需求。

3.1.2 干线公路建设对城市化的影响

（1）土地开发强度增大

可达性是影响土地价格、运输成本的重要因素。一般而言，土地价格随着它到城市中心的交通费用的增加而下降。可达性影响企业的运输成本，而运输成本影响企业对工业区位的选择。随着城市化地区干线公路的建成，越来越多的企业、工厂选择在干线公路附近建立工业区，从而提高了该地区土地的可达性，增加了潜在开发用地的供应量，引起该地区土地开发强度的增大。

（2）资金、技术、人才的聚集

城市化地区，干线公路的建成极大地提高了该地区的交通便利条件，盘活了沿线的土地，区域发展和产业聚集速度明显加快，并以干线公路为轴形成通道经济带，沿干线公路建立起新企业或原企业沿干线公路轴线方向扩散。资金流、技术流、人才流等各种流的聚集有利于促进该地区工业、农业、商业等各类产业的发展，构筑一系列新的经济增长点，带动沿线土地增值，加快中小城市拓展和城乡一体化的进程。

3.1.3 城市化与干线公路建设一体化

交通是城市化的内生因素而非外在条件，干线公路的建成和城市化进程是紧密相关的。城市化地区，干线公路的建成盘活了沿线的土地，加快了该地区资金、技术、人才的聚集，加速了该地区的城市化进程；另外，城市化导致该地区出行对象的多样化，加速干线公路道路功能的改变，对干线公路功能提出新的要求，从而加速干线公路城市化改造进程。城市化与干线公路建设的关系如图3-1所示。

干线公路建设和城市化应当一体化发展，即把公路建设与沿线地区经济开发结合起来。在建设一条新交通干线的同时，应当充分考虑该地区的城市化趋势，以干线公路建设为契机，扶持区域优势产业，充分利用沿线地区交通条件好的有利因素，重点开发干线公路沿线两侧地区。在沿线经济的区位优势因交通优势明显改善而提高的同时，通过适当途径，将区域经济增长中的一部分再投入到区域交通建设中去，使该地区的可达性进一步提高，从而在交通运输与区域经济间建立正反馈作用机制，使两者相互促进、共同发展。

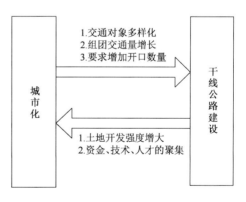

图 3-1 城市化与干线公路建设的关系

城市化地区的干线公路在建设时，应当兼顾城市化的交通需求。然而已建成的干线公路运行一段时间后，一般均滞后于经济发展。因此，为了适应城市化地区的交通需求，干线公路需要通过城市化改造为城市化地区经济发展服务。

3.2 城市化地区干线公路的交通组成与特点

3.2.1 城市化地区干线公路的交通组成分析

城市化地区干线公路的交通量主要由客车、货车以及少量公交车、摩托车和自行车等组成。江苏省是我国典型的城市化地区,省内多条干线公路均不同程度地受到城市化的影响。表3-1为2020年江苏省干线公路一般路段车型组成情况。

2020年江苏省干线公路一般路段车型组成(全线平均)　　　表3-1

路段名称	小货车	中货车	大货车	特大货车	集装箱车	小客车	大客车
104国道	8.3%	4.8%	5.4%	9.7%	0.7%	69.3%	1.9%
205国道	5.9%	4.2%	6.3%	20.7%	1.8%	59.0%	2.1%
310国道	9.3%	3.9%	5.7%	17.9%	1.9%	59.0%	2.4%
312国道	10.0%	9.2%	7.5%	8.7%	2.3%	60.9%	1.1%
233国道	7.9%	6.7%	8.8%	16.9%	1.7%	55.9%	2.0%
229省道	10.1%	5.8%	7.6%	19.9%	1.2%	53.7%	1.7%
232省道	13.9%	7.9%	5.1%	10.4%	1.4%	59.1%	2.2%
239省道	13.6%	6.3%	7.6%	8.4%	1.2%	61.4%	1.6%

城市化地区干线公路交通组成分析如下:

(1)干线公路一般路段中,车型主要以小客车为主,约占60%,各型货车比例也较大,占30%~40%,而大客车的比例比较小,约占2%。

(2)随着城市化进程的加快,非机动车和行人的出行比例增加。城市化地区的干线公路,不仅有快速过境的机动车,组团内的机动车、非机动车和行人也必将叠加到干线公路上,干线公路交通对象呈现多样化。

3.2.2 城市化改造干线公路的主要交通特征

初期建设的干线公路起到连接大中城市的作用,满足大中城市间距离较长的通过需要,此时干线公路主要为了满足公路功能,交通对象是快速过境的货车和客车,很少有行人和非机动车。随着城市化进程的不断推进,干线公路两侧出现了越来越多的工厂、居民小区。行人和非机动车的出行必将叠加到干线公路上,干线公路上出现了多种交通对象,对道路的便捷性要求增加。此时干线公路的交通对象不仅有过境的机动车,还有区间内的公共交通、非机动车以及行人,交通对象复杂,且随着该地区城市化的程度越来越高,区间交通所占的比重越来越大,该地区的道路最终转化为城市类道路。

通过分析可知,城市化地区干线公路主要具有以下两个特征:

(1)过境与区域交通结合

干线公路多为连接城市或乡镇的走廊,必然成为地区经济的大动脉,城市和乡镇间距离较长的过境交通是初期干线公路的主要交通。随着干线公路两侧的城市化,区域内的机动车、非机动车和行人越来越多,区域交通也叠加在干线公路上,此时,干线公路通行过境交通与区域交通。

(2)快速与慢速交通混行

干线公路的过境交通担负起了城市间客货运输的重担,行驶距离较长,行驶速度要求高。随着干线公路两侧的经济发展,城市的快速化发展导致大量区域交通叠加到干线公路上,区域交通行驶距离短、出入频繁、车速较低,从而形成了城市化改造干线公路快速与慢速交通混行的局面。

同时对城市化改造干线公路的交通特性进行分析可以发现,改造后的道路系统应兼顾公路交通特性及城市交通特性,其中公路交通特性中需要注意货车的影响,城市交通特性的主要特点是具有潮汐性。

城市近郊区域干线公路主要需要满足城市道路功能,以区域性交通为主。由于城市道路潮汐性明显,在早晚交通高峰期间,交通流量大、车速较低,节点通畅性对整个道路畅通性影响巨大,采取怎样的交通措施减少早晚交通高峰期间的交通拥堵、保证道路通畅性,是近郊区域干线公路城市化改造需要解决的问题。

城市与城市之间的干线公路主要需要满足公路功能,以通过性交通为主。相较于城市交通,公路交通的主要区别是存在大车通行。大车的存在对车道宽度、上下匝道纵坡、出入口车道宽度、平交口转弯半径、运行速度等均有较大影响。因此,城市间干线公路城市化改造必须考虑大车影响,保证不同车型均能高效、安全通过。

3.3 干线公路城市化改造临界条件研究

3.3.1 干线公路城市化改造存在问题分析

3.3.1.1 大城市存在问题

(1)城市快速干道街道化,影响了对外交通的效率。多数大城市规划快速干道系统来衔接高速公路和城市道路。快速干道系统不仅担负着城市各大区域、各大组团之间的联系功能,还承担了集并、疏散出入境交通的重任。对大城市和特大城市而言,只有完善快速的交通系统,才能发挥高速公路的作用。但快速干道的现状并不如人意,无锡、苏州、常州快速干道两侧由于用地控制不严,导致接口过多、街道化现象严重,影响快速交通的效率。

(2)过境交通进入市区,对城市交通形成了巨大的压力。一方面,这是由于高速公路和城市道路衔接不合理造成的,如沪宁高速公路与南京市主城区的生活性干道——中山东路相连,使得对外交通直接穿越市中心,加重了新街口地区的交通负荷。另一方面,城市道路功能不明确也易造成过境交通与城市交通混合,如南京河西新区的经四路,规划为城市主干道,由于横断面宽度达85m且两端沟通绕城公路和长江大桥,吸引了部分过境交通经其通行。

(3)快速公路和高速公路衔接过渡不良,给城市的局部交通组织带来困难。城市出入口道路水平差异较大,高速公路与普通道路并存,造成交通集中甚至堵塞,妨碍城市内外交通。

(4)随着对外交通量的飞快增长,城市道路已难以承受众多高速公路汇集所形成的交通压力。如南京市的绕城公路日通行量日益增长,随着2001年长江二桥的建成通车,绕城公路交通渐趋饱和。

(5)随着城市第三产业的相继发展,我国城市非封闭式出入口公路沿线形成了饮食服务走廊、新技术开发区、农副产品集市等经济走廊,沿路厂矿、商店、交易所的建立都不同程度地增加了对公路交通的干扰,影响出入口路段行车速度,交通事故数量也有不同程度的增长。

3.3.1.2 小城镇存在问题

公路交通是小城镇产生、发展的重要条件,是推动小城镇建设发展的最活跃因素。高等级的公路交通促进了小城镇和周边城市的联系,同时提高了小城镇的知名度,并促进了相关产业的发展,加快了产品的流通,极大地带动了现代化小城镇的建设过程,进一步加速了我国城镇化进程。与此同时,在小城镇与公路的协调发展上也存在着一些值得注意的问题。

(1)在影响城镇建设发展的诸多因素中,过境公路是重要因素之一,这方面的影响在小集镇建设上尤为明显。大多数小集镇都是沿省级过境公路呈带状发展,过境公路在这些集镇建设中不仅承担着过境交通作用,同时也是集镇内部的交通干道和生活干道。过境公路严重影响了集镇居民生活,恶化了居民生活的环境质量,同时严重干扰了城乡的交通运输。

(2)中小城镇靠近、围绕干道发展,对小城镇经济发展不利。其中最突出的是很多小城镇把镇内商业、服务业等设施布置于过境干道两侧,使得商业、服务业盲目扩大,但购物人流稀少,造成资源浪费。同时沿线小城镇的沿街商业房经济效益普遍不被看好,特别是在吸引过往人员方面,效果并不明显,主要是因为沿路小城镇建设千篇一律,没有值得停车驻足的特色之处。

(3)小城镇建设用地盲目地沿过境公路两侧发展,纵深不足,与干道交叉口过多,埋下了交通隐患,给小城镇居民的工作生活带来诸多不便。而且,小城镇呈条形带状发展后,增加了电力、电信、给排水管网等基础设施的建设和维护费用,不利于资源的有效利用,给小城镇带来一定的经济负担。

(4)过境公路对小城镇环境造成污染,主要有噪声污染和大气污染。影响噪声大小的因素有交通流、交通速度、交通构成(如重型车辆的比例)、道路坡度、路面结构、地层性质、建筑物装饰等,而受噪声影响最严重的是临街的住宅、医院和学校。大气污染包括汽车尾气和粉尘,其中汽车尾气中的一氧化碳和铅对人体危害最大。

(5)过境公路无法取代小城镇道路的功能要求。过境公路与小城镇道路有着本质的区别,前者是起区域联系作用的主要供机动车行驶的公路,后者是具有综合功能的主要满足城镇居民生产、生活需要的城市道路。公路设计无论线形、坡度、转弯半径还是道路设施等方面都不同于小城镇道路设计。因此,过境公路不能取代小城镇道路的功能要求。

（6）过境公路与小城镇内部交通相互干扰。过境公路以交通性为主,具有机动车多、货运交通多的特点,它们都必须接近或通过城镇,又很难与城镇各种功能协调。其一是过境公路穿越小城镇,将大量过境车流引入小城镇,造成小城镇社区的分隔,给人们生产生活带来许多不便。其二是过境公路穿越小城镇,道路沿线有大量交通吸引点,吸引点的车辆和行人交通错综交织,相互干扰大,加之小城镇大多无交通管理设施,影响过境汽车的行车速度,容易发生安全事故。

3.3.2 干线公路与城市发展互动机理研究

3.3.2.1 干线公路对城市节点发展的影响

（1）推动城市节点发展的主要因素

城市化是城市节点发展过程中的重要阶段,是一种影响极为深广的社会变化过程,既包括人口和非农业活动向城镇的转型、集中、强化和分异,以及城镇景观的地域推进等人们看得见的实体变化过程,也包括城市的经济、社会、技术变革在城镇等级体系中的扩散并进入乡村地区,甚至包含城市文化、生活方式、价值观念等向乡村地域扩散的较为抽象的变化过程。在城市化过程中,城市发展的动力有以下四点:

①工业化的影响

工业发展是城市发展的第一驱动力,工业化发展的程度决定了城市发展可能达到的高度和层次。工业发展带动了加工工业和人工能源的集中,造成了城市发展规模的扩大。一些发达国家已经进入后工业化社会,即信息社会,计算机进入社会的各个方面,城市中办公、教育、医疗、购物等方面信息化、远程化,居住功能扩大,生产分散化、小型化等,都促使城市节点形态、模式发生变化。

②交通等基础设施建设的影响

基础设施尤其是交通线路的建设对城市节点发展的推动作用是多方面的:

其一,持续加大基础设施投资能够有效拉动经济增长。另外,城市化的一个重要机制是通过一定的物质空间载体实现社会经济要素在城市型地域上的聚集,以及通过这些载体实现城市型生活生产方式在原先农村地域的扩散,基础设施就是重要的载体。

其二,交通线路是城镇间联系的纽带,城镇的空间布局与交通线路的关系密切。当区域性基础建设得到较为完善的规划、建设后,区域内的交通联系便捷程度得到较大改善,城镇布局的区位条件也发生改变,城镇体系布局、交通联系方向、城市化发展格局也将发生根本性的改变。

③土地的开发利用

土地是人类赖以生存与发展的基本资源,是人类社会活动的载体。合理利用和节约土地资源,可以推动城市的区域整合和系统发展,是我国城市可持续发展的一项重要内容。

④人口流动

社会学认为,一个社会的封闭或开放程度取决于社会成员的社会流动的难易程度。社会流动程度越高,对城市发展促进作用越大。农村人口涌入城镇,导致城镇膨胀,使城镇体系的格局发生变化,区域城镇数量和规模不断调整。人口流动更积极的意义在于改变工作与生活环境,使人在新型企业和环境中接触新的价值取向、思维方式和行为规范。

(2) 干线公路对城市经济发展的推进作用

公路运输的显著特点是机动灵活、适应性强、可达性好,公路运输是唯一能实现"门到门"服务的运输方式。其他运输方式一般都要借助公路运转才能最后完成运输任务。

公路运输与其他运输方式相比,具有机动灵活性高、运送速度快、技术特性简单、投资回收快等特点。而干线公路作为连接城市节点之间公路网的重要组成部分,对城市的经济发展产生了巨大的正面影响。

①推动公路沿线经济的发展

干线公路的建设,使城镇之间的公路等级有了普遍的提高,在一定程度上改善了我国部分地区公路通行能力低下的问题。由于普通干线公路开放性的特点,沿线地区的工商业、农业、旅游业以及交通运输业在干线公路两侧及城镇附近快速发展起来,沿干线公路走向形成城镇密集区和带状的产业经济带。干线公路一般与较大的城市连通,这些城市正是产业组织、资本、人力、信息的聚集焦点,可以通过干线公路向外辐射,诱导沿线经济更加快速地增长。

②提高城市市场的竞争力

干线公路的覆盖面广,使城镇之间的物资交流、城乡之间的经济联系与城镇之间的接触更加容易和频繁,开拓并拉近市场的同时也更为便利地获取各种经济资源,促进产业优化,扩大城市的辐射范围,增强城市经济的辐射能力,有助于优化城市的经济结构,提高城市的竞争能力。

(3) 干线公路对城市布局及空间拓展的影响

干线公路对城市布局具有明显的导向作用。干线公路的规划和修建,将对区域内城市的布局和空间拓展、土地的利用形式及区域产业带的形成产生重要的影响。

在区域发展形态的不同阶段,干线公路起到不同的作用。在新城镇形成阶段,城镇一般沿干线公路呈带状或者星形发展,城镇用地主要沿干线公路两侧分布,城市的总体布局处于初级阶段。随着城镇工商业的快速发展并成为区域主导产业,城镇开始向干线公路的横向发展,其总体形态则向块状转变。在城市范围拓展过程中,不断将不适合处于城市中心位置的污染严重的工业企业、资源密集及劳动密集型产业向城市外围或卫星城镇转移和扩散,而干线公路则将卫星城与主城镇牢牢地联系在一起。最后,在城市结构不断合理化的阶段,大城市通过干线公路与周边其他小城市接轨,差别竞争,互通有无,共同形成城市圈。

(4) 干线公路对城市土地利用的影响

干线公路的规划应与城市的土地利用规划相协调,应尽量避免使城市发展和干线公路布局方向发生冲突,否则,当城市用地需要跨越干线公路时,干线公路有可能阻碍城市发展。干线公路对提高城市土地利用价值有着如下重要影响:

①可达性

提高城市土地的可达性是指在相对位置上的土地使用如何方便,以及经过运输线到达那里的难易程度。普通干线公路具有开放性,其覆盖面积广,使得城市周边地区更加容易被开发利用,形成新的郊区增长中心,郊区城市化加速。而且,干线公路的修建也便利了城市间与城郊间的联系。

②指向性

交通对土地利用的指向性源于交通提高土地的可达性,从而导致土地开发及经济建设活动成本的降低。新的交通线路的铺设常导致城市土地利用的重大调整。

③增值性

增值性表现为对一块未开垦土地的最初投资和开发,或因交通改善而造成的土地利用类型的变更,形成增值。土地增值则为更加合理地利用土地、节约用地、综合开发国土资源创造了条件。

3.3.2.2 城市节点的特征对干线公路的影响

(1) 城市节点经济特征对干线公路的影响

城市内部交通和对外交通量的增加是城市经济发展的重要标志之一。随着经济的发展和城市化水平的提高,不仅城市之间的交通流量增加,城市内部、城市与郊区的联系也逐渐增强。城市交通设施建设在城市经济发展中的作用不可低估。大城市郊区与城市中心区之间便利的交通联系对于城市经济大发展至关重要,而干线公路在大都市区的形成发展过程中起着重要作用。

在城市化进程中,合理的土地利用和适当的空间扩展是增加城市容量、保持城市活力的重要手段。由于郊区被认为比城市利用土地更方便,在郊区进行土地的开发利用已逐渐成为各大中城市空间拓展的主流。这种高密度的城乡互动、土地利用性质的快速转变、人口大量流入城市和城市的轴线扩张成为大城市发展的特色。在城市化高速发展时期,人口、非农产业需要向经济发达地区聚集,干线公路的建设需要适应这种发展需求。

(2) 城市节点内外交通系统对干线公路的影响

城市节点内交通系统的规划布局取决于城市的空间形态与功能布局,它们对干线公路的影响主要体现在城市道路交通系统与干线公路的衔接问题上。

城镇的形成是人们居住形式由简单聚居向功能多样、形态及结构复杂的大型聚居地客观演化的过程,也是人们不断能动地进行城市建设、改善自己的聚居环境的过程。城市空间形态和功能布局是区域城镇体系规划和城市规划的重要内容之一,它们决定了城市交通需求产生的特点和分布的大致规律,是构建合理的城市道路网络和对外干线公路网络的依据。城市也是不同交通体系交会和聚集的枢纽,城市道路交通系统与干线公路的合理、顺畅衔接,决定了城市对内及对外交通需求能够得到快速和最大限度的满足。干线公路作为城市间交通系统的一种重要方式,必须与区域和城市的综合交通系统相适应,需要考虑如何完善干线公路网,如何与其他运输系统协调布局等。

(3) 城市节点自然地理生态条件对干线公路的影响

修建道路是人类利用自然和改造自然的一种活动,干线公路的修建受到城市所处环境自然地理条件的限制。例如,在不良工程地质条件地区修建公路时,会有工程技术难度大、造价高等问题。有时为避开或者克服高山峡谷、江河湖泊等天然地理障碍,会使路线的布局受到影响或限制。在规划干线公路路线时还需要考虑农田、林牧渔场的分布,动植物的分布,水土资源保护区的分布等因素的限制。例如,重要的农副业生产基地用地、珍稀动物保护区、城市水资源供给保护区等应避免干线公路的穿越和影响。

(4) 不同发展阶段区域交通与城市节点发展

城市化在各个国家的历史进程是各不相同的,但是大多可以用S形曲线表示。一般而言,城市化进程经历了由慢到快,再由快到慢,最后停滞不前的曲线发展过程,这一过程直接与社会经济发展水平密切相关。城市化发展初期指生产力水平尚低,城市化水平低于30%的阶段;当一个国家或者地区的城市化水平达到40%左右时,城市化进程将进入高速发展时期;当城市化水平高于70%时,进入城市化稳定发展时期。

①城市化发展初期

在城市化发展初期,区域人口开始向中心城市聚集,并且以城市之间的经济联系为主要联系方向,其中对城镇经济发展起重要作用的是交通条件的改善。一些靠近区域交通线(如公路、铁路、港口等)的城镇经济得到了快速发展,带来了大量的人流物流,并且促进了城市间多种交通方式的产生,逐渐形成了交通走廊;那些远离交通线的城镇则成为投资盲区,难以聚集产业和人口,经济落后,城市发展缓慢。综上,在城市化发展初期,需要大力发展交通建设,发挥交通基础设施的引导与拉动作用。干线公路在这个阶段不断建设发展,对加强与经济发达地区的联系起到了巨大作用。

②城市化高速发展时期

随着城市化高速发展,城镇规模急剧扩张,人群收入的增长与城镇内居住、工作、娱乐等功能用地的矛盾日益尖锐;市中心环境恶化,导致高收入人群从中心城区迁移至郊区,带动工业和服务业的郊区化。大多数国家利用两种方式解决城郊之间的交流问题:一种是修建连接城市和郊区之间的高密度公路,包括高速公路和其他主要干线公路;另一种是大力发展如轻轨、地铁等公共交通事业。这些高速化或者轨道化的交通建设造成郊区的住宅与产业逐渐变多,郊区的用地规模扩张,形成了以大城市为核心,与周边区域保持密切社会经济联系的城市化地区,使中心城市与其外围地区共同构成相互联系,有一定空间层次、地域分工和景观特征的大都市区。在多个大都市区域形成,整个区域走向城市化之后,为了加强大都市之间的社会经济联系,需要从整个区域的层面考虑交通组织规划。

③城市化稳定发展时期

世界主要发达国家均已进入城市化稳定发展时期。在这个时期,城市规模增长缓慢,区域交通与生产力布局相适应,城市进入后工业化阶段,人口越来越多地集中到大都市郊区。此时,城郊间的联系成为主导,在郊区中也逐渐诞生了新的工作岗位,城市进一步扩散,向多中心形态发展。干线公路的发展也已基本趋于稳定,而国家则将重点放在了发展高速公路、轨道交通以及其他类型的交通方式上。

(5) 发达地区干线公路交通与城市节点发展

发达地区城市体系的空间组织模式主要有两种:一种是以一个或若干个城市为核心,周围伴有多个中小城市的团状群组,也称作都市圈;另一种是城市先沿交通干线发展,随着聚集效应逐渐增强,最终形成城市聚集的走廊,即城市带。

①都市圈公路交通与城市节点发展

都市圈是以一个或者多个中心城市为核心,以发达的联系通道为依托,吸引辐射城市与区域,并促进城市之间的有机联系与协作分工,形成具有区域一体化倾向并可实施有效管理的城镇空间组织体系。公路网络会进一步促进新的城市或者区域的产生发展,这些区域经济活动的重组对公路的建设起到了指导性的作用。

都市圈跨越行政区,人口、经济的聚集程度高,但是内部却存在着程度差异,使得公路的规划建设必须与之协调。所以,不同聚集程度的城镇和区域之间需要配置不同的公路等级和数量,以实现整个都市圈内公路交通的通达性。

②城市带公路交通与城市节点发展

城市带是轴线地区发展依托线性交通基础设施呈现带形发展,是交通走廊核心作用在地域上的直接结果,城市发展的不同速率与走廊在经济发展中的变化直接相关。城市带、次级发展轴线和直接腹地组合构成城市密集区,即城市群。公路交通走廊与城市带、城市群的形成关系密切:首先,公路交通走廊是城市带形成的必备条件之一,被限制在交通基础设施沿线较窄的范围内;其次,公路交通走廊的主要功能是连接作用,所有发生的空间相互作用(如人员、物资、信息的流动等)都要通过公路交通走廊来实现。

3.3.3 干线公路城市化改造临界条件

3.3.3.1 干线公路改造建设时机

推动干线公路改造的因素很多,其中内在原因主要体现为城市交通系统的发展需要满足城市空间结构拓展和出行结构转变的要求,而外在原因主要表现为区域城镇群的协调发展需要统筹城市与城际交通发展。因此,衡量城市是否具备修建快速路的条件,应当从城镇化、机动化和区域化三方面展开分析。

(1)持续城镇化

持续城镇化、城市规模的不断扩大势必会导致出行距离的增加,快速道路系统能缩减因空间距离加大而造成的不断增加的出行时间。持续城镇化是建设快速路网的基础条件。

城镇化背景下的大尺度分区和长距离出行是干线公路改造的基本出发点。工业革命前,城市发展受限于交通工具,通常以居民1h平均出行距离计算城市的半径,相应的城市尺度很难突破4km,此阶段的城市活动大多局限于街坊与邻里之间,道路以巷道为主。工业革命后,机动化的出现使城市半径急剧增加,部分城市尺度达到25km左右,单中心放射的城市格局得到加强,分级道路系统出现。尔后,随着个体机动交通工具的普及,城市居民的出行特征与出行方式进一步发生改变,组团式的城市格局成为主流,远距离出行占城市居民整体出行的比例持续增加。在出行时效的约束下,快速化的干线公路成为该阶段支撑城市规模拓展的重要骨架。不同城镇化阶段的城市空间与路网结构如图3-2所示。

考察上海、广州等城市可以发现,干线公路城市化改造的开建时期恰是城市空间结构进入大尺度分区(亦称组团式发展)的时期,城市中心区的平均出行距离普遍达到或超过4km,而部分城市的外围平均出行距离甚至突破10km,见表3-2。由此可知,面向中、后期的持续城镇化为快速路的修建确立了基本需求。

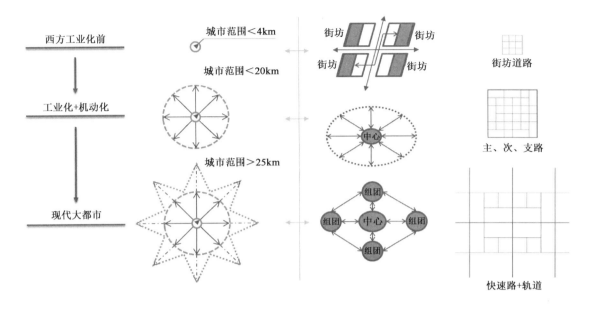

图 3-2　不同城镇化阶段的城市空间与路网结构

我国主要城市快速路开建的时间点与出行距离　　　　表 3-2

城市	快速路开建时间点	中心城尺度(km)	中心城中心距离(km)	外围出行距离(km)
上海	1992 年	7×7(内环浦西)	4	10
西安	1993 年	9×9(二环)	4	
广州	1997 年	4×8(内环)	5	
南京	1999 年	4×9(内环)	4.5	
郑州	2001 年	5×7(核心)	4	7
苏州	2003 年	6×7(内环)	5	

(2)高速机动化

机动化产生大量车辆出行需求,当出行需求与设施供给之间的关系达到临界点时,城市自然而然会修建数量更多、速度更快、通行能力更大的道路。同时,老城区道路交通体系脆弱,需要外围的快速通道来疏解和保护老城交通。因此,高速机动化是干线公路改造的必要条件。

纵观美国百年机动化历程,快速道路系统的构建时序与小汽车的普及趋势相似,快速路在千人机动化水平达到 100 辆左右时开始筹备,突破 200 辆后全面开展建设。中国如北京、上海等城市开建快速路时的机动化水平虽然相比美国城市偏低,但整体的发展趋势颇为相似,皆位于机动化水平快速增长的初始阶段,如图 3-3 所示。据此,干线公路的改造应当在城市高速机动化的前期启动,城市的千人机动车保有量为 100~150 辆。表 3-3 为我国主要城市快速路开建时间点与千人机动车保有量水平。

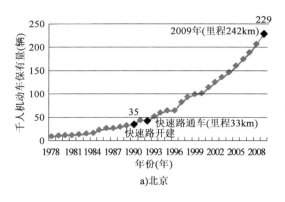
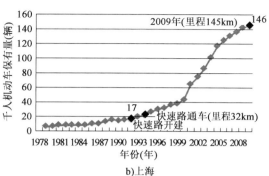

图 3-3 北京、上海的快速路开建时间点与城市机动化趋势

我国主要城市快速路开建时间点与千人机动车保有量水平　　表 3-3

城　　市	快速路开建时间点	千人机动车保有量(辆)
广州	1997 年	153
南京	1999 年	55
苏州	2003 年	126
太原	2009 年	143
无锡	2006 年	137
宁波	2008 年	102

（3）区域一体化

区域一体化、城乡一体化呼声高亢，城市持续向外拓展，干线公路的提档升级和快速化改造是区域一体化和城乡一体化的基础和先导。因此，区域一体化发展是建设快速路网的重要条件。

城市交通在时空效率上相对区域交通的短板是干线公路改造的现实要求。区域经济的发展使城镇之间的出行需求愈加紧密，而城际高速公路、高速铁路及航空运输系统的出现极大地改变了城镇间出行的特征。相较"风驰电掣"的城际交通，城市交通的"举步维艰"使市内与城际出行在时间与空间上出现倒置，导致出行链整体效率降低。修建与城际高速公路配套的城市快速路，提升城区段的出行速度，改善城区内部的出行质量，已成为众多中心城市推动区域一体化发展的不二之选。

总结各大城市的发展经验，城市快速路大多紧随城际高速公路的步伐出现，部分城市两者通车的时间差仅为 1~2 年，个别城市的时间间距较长，但大多为 10 年以内，见表 3-4。考虑交通设施引导城市发展需要一定的预热期，建议大城市将城际高速公路通车后的 5~10 年作为干线公路快速化改造开建的合适时间点。

主要城市快速路与高速公路通车时间　　表 3-4

城　　市	高速公路通车时间	快速路通车时间	时　间　差
上海	1988 年	1994 年	6 年
北京	1990 年	1992 年	2 年
广州	1989 年	2000 年	11 年

续上表

城　　市	高速公路通车时间	快速路通车时间	时　间　差
南京	1996 年	1999 年	3 年
苏州	1996 年	2003 年	7 年
洛杉矶	1940 年	1941 年	1 年

3.3.3.2　城市化地区的界定

城市化地区首先在我国城市化和现代化进程中的一些核心区域周边农村产生,如我国的珠江三角洲、长江三角洲以及京津唐、胶东半岛部分地区。这些地区在改革开放以来,经历了持续而深刻的社会经济转型和快速的城市化过程:城市化发展迅速,进入城市化与工业化互动时期;经济水平高,处于工业化中期;城市人口增长由以户籍人口增长为主转向以外来人口与当地人口的非农化生活增长为主;城乡差别缩小,区域一体化趋势明显;建设用地扩展迅速。

城市化地区在经历城市化发展的过程中,处于中心城市之间走廊地带的原有农村地区表现出一种与西方国家传统城市化完全不同的空间转化特点:农村地区的社会经济发展和乡村-城市转变并未引起产业和原有人口向中心城市聚集,而是实现就地转化,大量农村剩余劳力离土不离乡,进厂不进城。从功能上讲,这些走廊地区的发展深受周边中心城市的影响,城乡之间高强度、高密度的相互作用形成一种既不同于城市又不同于农村的全新的空间体系。从行政隶属关系考察,这一地区虽然与中心城市关系密切,相互靠近,但是并没有纳入中心城市的管辖范围,成为其行政意义上的郊区。从经济地位看,这些地区往往借助优良的区位优势迅速从传统的农业地区发展成为第二、第三产业发达,经济份额在整个地区经济中举足轻重的发达地区。

虽然城市化地区的分散、就地转化的城市化模式没有导致人口和产业向中心城市集中,但是经济的高速增长和急剧的社会经济转型使该地区的地域空间结构发生了巨大的变化。农田大量丢失,城市用地急剧扩展,交通设施、住宅、工厂等物质设施和建筑成倍增长,人口、产业的聚居形态发生显著变化。

对于城市化地区的界定问题,目前还没有统一的指标和方法体系。城市化水平无疑是一个常见而重要的指标,但并不能完全界定城市化地区。诺瑟姆对于城市化的阶段问题曾经有过比较经典的分析。他认为,一个国家或者地区在城市化水平为 30%~60% 的时期处于城市化发展的高速时期。然而近几年的研究发现,这个理论作用于一个国家,结论比较符合,但当作用于一个国家内部的地区时却不一定适合。例如,日本在全国城市化水平处于 30%~60% 的阶段时,国家城市化水平提高很快,符合诺瑟姆的 S 形曲线规律。但是在日本的东京都地区,城市化水平达到 30% 时,城市化速度依然缓慢。

依据相关研究,可从城市化主题相关的统计资料遴选重要指标对城市化地区进行界定。典型城市化地区的生产总值增长率、城市化水平、城市化水平年均增长率、城镇建设用地年均增长率大致集中在一定的范围。

（1）生产总值增长率:经济增长迅速与城市化地区有密不可分的联系,只有快速的经济发展才能支撑人口的增加和城市的建设。城市化地区的生产总值增长速度应该保持在年均

10%以上,人均生产总值增长速度在10%左右。

(2)城市化水平:城市化地区的现状城市化应该处于一个较高的水平,在30%~60%。

(3)城市化水平年均增长率:城市化地区的城市化水平提高速度应该很快,年均增长率为1%~3%。在城市化水平处于较高阶段时,依然能够保持高速增长。

(4)城镇建设用地年均增长率:人口和经济的快速增长必然要求更多的土地空间给予支撑,城市化地区城市用地的拓展应该较快,城镇建设用地年平均增长率在2%~5%。

第4章 干线公路城市化改造技术标准选用

4.1 干线公路城市化改造道路分级研究

4.1.1 城市化地区干线公路的功能定位

道路功能决定其断面形式和交通组织方式,同时也会对道路两侧用地性质及建筑布置提出不同要求。因此,准确定位道路功能是道路建设的首要任务。公路和城市道路具有不同的交通对象,并且道路的服务性质也不同,需要分别进行分类。

4.1.1.1 国内外道路分类

(1)国外道路分类

美国在对公路和城市道路进行分类时,主要考虑的是道路的接入和机动性两个因素。由于为直行服务与提供接入存在矛盾,就需要在各种功能类型方面有差别和等级。所有干线公路必须对接入进行控制,以增强干线公路主要的机动性功能。相反,地方道路和街道则以提供接入为主要功能(实施的结果导致对机动性进行限制)。道路接入控制的范围和程度就成为定义城市道路或公路的功能类型的重要因素。功能分类系统中机动性和接入性方面的关系如图4-1所示。干线公路具有很好的机动性,但是限制了道路的接入性,地方道路则反之。

美国城市道路依据道路交通流特性、道路两侧用地性质、道路间距、路网等级结构、交叉口间距、交通流分担比例、车速限制及停车限制等特征和条件主要分为五类,即高速路和快速路、主干道路、次干道路、集散道路以及地区道路。从快速路到地方道路,道路的可达性要求越来越高,但

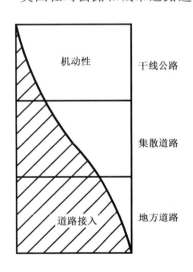

图4-1 道路机动性和接入性之间的关系

其通过性功能却越来越低。

日本城市道路主要分为:①高速路;②基干道路(包括主干路、干线道路);③次干路;④支路;⑤特殊道路。

苏联将城市道路分为:①高速道路;②干道(又可分为市干道、区干道和大交通量干道);③地方性道路(又可分为居住区道路、工业仓库道路、步行街、村镇道路、村镇街道和支路)。

国外道路分类的重要依据是道路上的交通流特性、道路两侧的用地性质及主要服务对象。对于道路交通流,按其出行特征分为通过性交通和进出性交通两大类,这与我国将道路交通流分为客运交通、货运交通、自行车交通和行人交通的方法不同。通过性交通由于行驶速度高,要求道路尽可能通畅;相反,进出性交通由于为道路两侧用地开发提供达到和离开服务,要求进出方便。

(2)我国道路分类

①公路分类

从不同的角度有不同的分类,现行公路的分类方法主要有三种,见表4-1。

公路的分类 表4-1

行政分类	国道、省道、县道、乡道、专用公路
技术分类	高速公路、一级公路、二级公路、三级公路、四级公路
功能分类	干线公路、集散公路、地方公路

高速公路为专供汽车分向、分车道行驶并应全部控制出入的多车道公路;一级公路为供汽车分向、分车道行驶,并可根据需要控制出入的多车道公路;二级公路为供汽车行驶的双车道公路。

《公路路线设计规范》(JTG D20—2017)规定,干线公路宜选用二级及二级以上公路。从我国经济发展比较迅速的长江三角洲地区、珠江三角洲地区来看,城市化地区的干线公路多采用一级公路,有的地区也采用二级公路。规范还规定,一级公路作为干线公路,且纵、横向干扰小时,设计速度宜采用100km/h或80km/h;二级公路作为干线公路设计时,设计速度宜采用80km/h,条件受限时可采用60km/h;应采取增大平面交叉间距、主路优先交通管理、渠化平面交叉等措施,以减少横向干扰。

②城市道路分类

《城市道路工程设计规范(2016年版)》(CJJ 37—2012)按照道路在道路网中的地位、交通功能以及对沿线建筑物的服务功能等,将城市道路分为四级:快速路、主干路、次干路、支路。

快速路为城市中大量、长距离、快速交通服务。快速路对向行车道之间应设中间分车带,其进出口应采用全控制或部分控制。快速路两侧不应设置吸引大量车流、人流的公共建筑物的进出口。两侧一般建筑物的进出口应加以控制。

主干路为连接城市各主要分区的干路,以交通功能为主。自行车交通量大时,宜采用机动车与非机动车分隔形式,如三幅路或四幅路。主干路两侧不应设置吸引大量车流、人流的公共建筑物的进出口。

次干路与主干路结合组成道路网,起集散交通的作用,兼有服务功能。

支路宜与次干路和居住区、工业区、交通设施等内部道路相连接,应解决局部地区交通,以服务功能为主。

《城市道路工程设计规范(2016年版)》(CJJ 37—2012)对各级道路设计速度的规定见表4-2。

城市道路各级道路设计速度　　　　表4-2

道路等级	快速路	主干路	次干路	支路
设计速度(km/h)	100、80、60	60、50、40	50、40、30	40、30、20

4.1.1.2　城市化改造干线公路功能定位

(1)快速过境干道

城市化地区干线公路的过境交通要求干线公路具有快速的通过性,这就要求干线公路具有流畅的道路线形,采用较高的技术标准,并对出入口进行严格限制。

(2)便捷区域道路

由于干线公路两侧的城市化趋势,工厂、企业、居民小区不断增多,越来越多的区域交通叠加在干线公路上,这就要求干线公路具有很好的便捷性。区间便捷性要求城市化地区干线公路出入、转向、掉头方便,具有尽可能多的出入口、大量的平交和立交,但这样势必会影响干线公路的快速过境功能。

总之,由于城市化地区的干线公路具有多种交通对象,在满足快速过境交通需求的同时,还要满足该地区区间内组团交通的需求。因此,城市化地区的干线公路,既不是单纯公路上的干线公路,也不是城市道路中的快速路,而是一种应满足该地区的城市化需求,并最终转化为城市类道路的新型道路。

可以把城市化地区的干线公路界定为在行政规划上属于省道,技术等级上一般采用一级、二级公路,具有干线和集散双重功能的一种新型道路。

4.1.2　干线公路道路功能分类

鉴于以上分析,与传统意义上的干线公路相比,城市化地区干线公路的交通组成及交通特性皆发生了较大的变化,导致其道路功能发生了新的变化,因此需要对其进行城市化改造。在改造之前,需要对改造选取的技术标准进行分析研究。

根据《公路路线设计规范》(JTG D20—2017),干线公路为保证其运行速度、交通安全和服务水平,应采取控制出入、设置隔离设施等措施减少平面交叉,保证车辆的快速通过。其技术标准为二级及二级以上公路。然而,随着城市规模的不断扩大,干线公路与城市的间距越来越小,所处区域位置发生了较大的改变,导致其所服务的对象、道路两侧的可达性要求以及交通主体都发生了改变。因此,有必要从道路功能的角度出发,对干线公路进行进一步分级。

(1)道路功能划分因素

从道路功能上对道路等级进行划分,是指道路的分级能够满足不同道路功能的需要。考虑到城市化地区干线公路的道路功能不仅是满足过境交通快速通过的要求,还应满足区域组团交通以及慢速交通的要求,因此,结合美国道路以及我国道路分级所考虑的因素,总结依据道路功能的分级标准。主要有以下三点:

① 道路交通功能

道路具有防灾、避难、景观等许多功能，但最重要的是交通功能。道路的交通功能主要分为两类：通过性功能和可达性功能。传统的干线公路，其主要的交通功能为通过性功能。但是随着城市化不断发展，城市规模不断扩大，其可达性功能所占的比例越来越高，道路功能与道路所采用的技术指标的割裂越来越严重，从而导致道路该通不通、该畅不畅。

② 主要服务对象

道路上行驶的车辆是何种类型，对于道路的功能有重要影响。按主要的服务对象进行分类，大类分为客运交通和货运交通。货运交通主要以机动车为主，是点对点的交通，要求快速、通过性高的道路，且货运到达的道路应能够满足货运车辆停放、卸货、回车等要求。客运交通包括小运量客运交通和大运量客运交通。小运量客运交通不仅指个体出行的私人小汽车、公务员公用车，还包括小运量的公共交通，如出租车等；大运量交通则包括能运送大量乘客的公交车、旅游客车等。

③ 主要交通方式

主要交通方式是道路功能分类、道路分级的重要影响因素，分为机动车交通方式和非机动车交通方式。道路主要为哪种交通方式服务以及不同交通方式所占的比重，决定了道路的功能、等级。城市化改造干线公路所服务的交通方式趋于多样化，因此，为保证不同的交通方式在道路上顺利行驶，需要不同的技术手段对其加以引导。货运交通的交通方式主要是机动车交通，而客运交通则分为机动车交通和非机动车交通两种方式。

以上三种道路等级划分的影响因素从道路功能的角度出发，从道路功能的服务对象、服务目的、服务方式等方面诠释了道路功能形成的原因及表现，是道路等级划分的重要依据。

（2）道路功能划分

根据上文提到的道路功能划分因素，对城市化改造干线公路的道路功能进行分类：道路交通功能方面，根据干线公路两侧用地影响及布局，将其交通功能分为两类，即通过性和通达兼具性；道路服务对象方面，考虑到城市化地区干线公路越来越多的区域机动车出行需求，将其服务对象分为客运服务、货运服务和客货兼具服务；道路交通主体方面，由于城市化改造干线公路非机动车、行人出行需求越来越大，其非机动车、摩托车占有一定的比例，因此，将其交通主体划分为两种类型，即以机动车为主体的道路和机动车、非机动车并重的道路。综上，本书将城市化改造干线公路功能分为六类，见表4-3。

城市化改造干线公路功能分类　　表4-3

序　号	道路交通功能	道路服务对象	道路交通主体
1	通过性	货运服务	机动车交通
2	通过性	客运服务	机动车交通
3	通过性	客货兼具服务	机动车交通
4	通达兼具性	货运服务	机动车交通
5	通达兼具性	客运服务	机非并重交通
6	通达兼具性	客货兼具服务	机非并重交通

4.1.3 基于道路功能的道路分级

(1) 道路等级划分指标

在城市化地区,不同的干线公路承担着不同的功能,在道路的规划、建设、管理和使用上呈现出不同的特性。为了保证道路功能的充分发挥,对道路在上述几方面又有不同的要求,这些要求即表现为道路等级的划分。本书在对城市化地区干线公路道路功能分类的基础上,运用定性的方法,从道路功能的角度,对城市化改造的干线公路进行再分级,所选取的分级指标如下:

① 道路通过性要求以及两侧可达性要求

道路的交通功能反映到道路分级就是道路的通过性要求与两侧可达性要求。当道路具有通过性功能时,两侧用地可达性应较低,保障道路上车辆不受两侧进出车流的影响;反之,道路具有可达性功能时,两侧用地应具有较高的可达性,使道路与两侧用地功能相辅相成。

本书将道路的通过性以及两侧可达性要求分为三个等级:主要满足车辆快速通过的功能、以车辆快速通过功能为主、满足车辆快速通过要求的同时兼具集散交通的功能。

② 服务车次特性

客运和货运的道路交通流特性要求不同。货运往往以机动车为主体,更多地形成点对点的交通流,除卸货地点外,货运对道路两侧的可达性要求不高。客运道路的交通主体比较复杂,以机动车为主体以及机动车与非机动车并重的道路所对应的道路等级完全不同。同时,客运对两侧可达性的敏感度也不一样。有些长距离客运对两侧的可达性要求较低,而有些中短距离客运对可达性要求较高。因此,根据道路服务的车次特性,分为以下三级:主要服务出入城市或过境交通长途出行、兼顾大型组团之间的中长途出行、兼顾服务中小组团之间的中短途出行。

③ 交通主体

交通主体是道路等级重要的体现方面。鉴于城市化地区干线公路非机动车及行人越来越大的出行需求,本书从道路分级的角度,将干线公路交通主体分为以下三种:以机动车为主、机动车比例较高、机动车与非机动车并重。

④ 交通主体期望车速

道路的设计速度应该根据道路的现状条件、服务水平以及交通流量预测等内容综合确定。而本书中提到的期望车速,是指在没有其他条件影响的情况下,道路交通主体对车速的期望值。如对主要满足快速通过性功能的道路,其交通主体期望车速较高;而对满足车辆快速通过要求的同时兼具集散交通功能的道路,其交通主体要求车速安全平稳即可。因此,不同的期望车速对应不同的道路等级。本书将期望车速分为三个等级:车速高、车速较高、车速适中。

(2) 道路等级定性划分

在城市化地区干线公路道路功能日趋变化的基础上,结合中山市、杭州市以及上海市对城市道路的再分级方法,综合道路功能分类研究、道路等级划分指标以及现行规范,将干线公路进行再分级,分为Ⅰ级(交通型干线公路)、Ⅱ级(综合型干线公路)、Ⅲ级(服务型干线公路)三个等级,具体的等级体系见表4-4。

第4章 干线公路城市化改造技术标准选用

干线公路城市化改造工程分级及特性　　　　　表4-4

分级因素	等级		
	Ⅰ级	Ⅱ级	Ⅲ级
交通功能	主要满足车辆快速通过的功能	以车辆快速通过功能为主	满足车辆快速通过要求的同时兼具集散交通的功能
服务车次特性	主要服务出入城市或过境交通长途出行	兼顾大型组团之间的中长途出行	兼顾服务中小组团之间的中短途出行
交通主体	以机动车为主	机动车比例较高	机动车与非机动车并重
交通主体期望车速	高	较高	适中

4.2 干线公路城市化改造技术标准选用

4.2.1 路段通行能力

4.2.1.1 理论通行能力

理论通行能力是指道路与交通处于理想情况下,每一条车道(或者每一条道路)在单位时间内能够通过的最大交通量。机动车道理论通行能力按式(4-1)计算。

$$N = \frac{3600}{t_0} \tag{4-1}$$

式中:t_0——最小车头时距(s)。

根据《城市道路工程设计规范(2016年版)》(CJJ 37—2012),当城市没有最小车头时距的调查数据时,单车道的通行能力见表4-5。

城市道路单机动车道通行能力推荐值　　　　　表4-5

设计速度(km/h)	20	30	40	50	60	80	100
基本通行能力(pcu/h)	1400	1600	1650	1700	1800	2100	2200
设计通行能力(pcu/h)	1100	1300	1300	1350	1400	1750	2000

4.2.1.2 实际通行能力

实际通行能力是指在实际道路和交通条件下,单位时间内通过道路上某一点的最大可能交通量。实际通行能力由理论通行能力乘以通行能力影响因素的修正系数计算得出。影响通行能力的因素很多,一般选择影响较大的因素予以修正。不同的道路类型和等级,影响因素也会不同。例如,一般公路通行能力的修正,主要考虑行车道宽度、方向分布、横向干扰、交通组成四项;而高速公路的修正,只考虑车道宽度、左侧路肩宽度与交通组成。各个国家根据本国的国情和交通实况,对修正因素的选取也有所不同。我国基于城市道路等级的综合修正系数,可参见表4-6。在不考虑交叉口影响的情况下,机动车道的实际通行能力按式(4-2)计算。

$$N_A = N \times a_c \tag{4-2}$$

式中:N_A——实际通行能力(pcu/h);
N——理论通行能力(pcu/h);
a_c——修正系数。

城市道路综合修正系数　　　　　　　　　　　　　　　　　表4-6

道路等级	快速路	主干路	次干路	支路
修正系数	0.75	0.80	0.85	0.90

城市道路上,多车道的通行能力不能通过通行能力和车道数相乘得出。当机动车道增加时,机动车的超车、变换车道等行为产生的干扰也随之增加。因此,在计算多车道的通行能力时,需要在单车道通行能力的基础上对各条车道的通行能力进行折减。目前采用的道路车道折减系数为:1、0.9、0.8、0.7、0.6(自左侧起分别为第一条车道、第二条车道、第三条车道、第四条车道、第五条车道)。城市道路多车道实际通行能力按式(4-3)计算。

$$N_M = N_A \times \sum_n \varphi_n = N \times a_c \times \sum_n \varphi_n \tag{4-3}$$

式中:N_M——多车道实际通行能力(pcu/h);
φ_n——车道折减系数;
n——机动车道数。

城市道路机动车道通行能力见表4-7。

城市道路机动车道通行能力推荐值(pcu/h)　　　　　　　　　　表4-7

车道数	设计速度(km/h)					
	20	30	40	50	60	80
2	1260	1440	—	—	—	—
4	—	—	2665	2746	—	—
6	—	—	—	—	3672	3888
8	—	—	—	—	4590	5355

注:表中的推荐值为单向道路的机动车通行能力。

4.2.2 设计速度的确定

4.2.2.1 设计速度选择的背景

(1)城市化地区干线公路设计速度的特殊性

城市化地区干线公路在功能、等级、服务对象等方面区别于一般公路,也区别于城市道路,具有其自身的特殊性。干线公路设计速度的选取主要考虑为中长距离快速通过性交通服务,服务对象主要针对过境交通,以机动车为主。而城市道路特别是城市化地区的道路以城市服务为主,两侧行人及非机动车较多,对城市道路设计速度有较大影响。因此,城市化地区的干线公路不仅要考虑为中长距离通过性交通服务,同时也要为城市化地区的出行提供服务,正是这种特殊性决定了城市化地区干线公路设计速度的选择不能单纯参考常规的公路和城市道路设计规范,需要根据实际情况综合选取确定。

(2)公路与城市道路设计规范对设计速度规定的区别

在既有道路设计规范中,公路和城市道路的设计规范都对各自的设计速度进行了规定。其中,《公路路线设计规范》(JTG D20—2017)规定各级公路设计速度应根据公路的功能、等级、交通量,并结合沿线地形、地质等状况,经论证确定。并规定,一级公路作为干线公路,且纵、横向干扰小时,设计速度宜采用100km/h或80km/h;一级公路作为集散公路时,根据混合交通量、平面交叉间距等因素,设计速度宜采用80km/h或60km/h。二级公路作为干线公路时,设计速度宜采用80km/h或60km/h;二级公路作为集散公路时,设计速度宜采用60km/h或40km/h。

《城市道路路线设计规范》(CJJ 193—2012)规定快速路的设计速度采用100km/h、80km/h或60km/h,主干路设计速度采用60km/h、50km/h或40km/h,次干路设计速度采用50km/h、40km/h或30km/h,支路采用40km/h、30km/h或20km/h。

两者区别具体见表4-8。

公路和城市道路设计规范对设计速度规定的区别　　表4-8

项目	《公路路线设计规范》(JTG D20—2017)				《城市道路路线设计规范》(CJJ 193—2012)			
道路级别	一级公路（干线）	一级公路（集散）	二级公路（干线）	二级公路（集散）	快速路	主干路	次干路	支路
设计速度(km/h)	100、80	80、60	80、60	60、40	100、80、60	60、50、40	50、40、30	40、30、20

4.2.2.2　设计速度选择的影响因素

(1)道路功能要求对设计速度选取的影响

城市化地区的干线公路是一条快速过境干道,要求干线公路具有流畅的道路线形,应采用较高的技术标准,因此,干线公路的主线具有较高的设计速度;城市化地区的干线公路还是一条便捷区域道路,工厂、企业、居民小区不断增多,区域组团的机动车、非机动车、行人必然要求干线公路具有很好的便捷性、增加出入口,因此,干线公路的辅路可以采用较低的设计速度。综上,城市化地区干线公路设计速度的选取,应当全面考虑各种因素。

(2)交通组成和交通量对设计速度选取的影响

随着经济的发展,城镇规模在不断扩大,原先一些靠近城市的干线公路被日益膨胀的城市所包围,这就导致了过境交通流从城市内部穿过的问题。以312国道为例,由于近几年来城市规模的不断发展,贯穿苏、锡、常地区的312国道市区段既有过境交通流,又有城市区内出行的交通流,交通量的大量增加使得两种交通流之间互相影响,造成拥挤、塞车,出行时间大大增加。

深圳的南环快速路(滨海大道),由于道路两侧的城市化,道路组成多样化,改造前最高断面交通量达12万pcu/d,饱和度达1.08,根据道路服务水平(表4-9),其道路服务水平为F级,交通堵塞严重,服务质量极差。

路段服务水平评价标准及运行情况 表4-9

服务水平	荷载系数	运行情况
A	<0.35	自由车流,高服务质量
B	0.35~0.55	接近自由车流,较高服务质量
C	0.55~0.75	稳定车流,中上服务质量
D	0.75~0.90	接近稳定车流,中下服务质量
E	0.90~1.00	不稳定车流,较差服务质量
F	>1.00	堵塞车流,极差服务质量

饱和的交通量和多样化的交通组成使得车辆以较低的速度运行,因此,可以采用较低的设计速度,适当降低其他技术指标,从而可以减少建筑物的拆建并降低工程造价,更好地与当地的地形融合。

(3)主辅路速度差对设计速度选取的影响

城市化地区干线公路采用主辅路的道路断面形式,如果主线设计速度过高,辅路设计速度过低,将导致主辅路之间车辆速度差过大,主辅路之间交通转换所需匝道会更长。且速度差过大,给主线车辆,辅路非机动车、行人埋下了很大的安全隐患。因此,城市化地区干线公路设计速度的选取应考虑主辅路之间的速度差。建议我国城市化地区辅路设计速度为主线设计速度的0.4~0.6倍。

(4)运行速度与设计速度之间的关系

设计速度(v)是指汽车在行车条件良好、公路设计要素均起控制作用的情况下安全行驶于给定路段时的允许速度。运行速度(v_{85})是指在特定路段上,在干净、潮湿的条件下,在自由流情况下,85%的驾驶员行车不会超过的运行速度。v_{85}是在行车辆的实际运行速度,随道路条件的不同而变化。国内外的研究表明:当v_{85}与v之差大于20km/h,公路线形由高指标向低指标变化时,容易发生交通事故。因而国外道路线形设计规范规定:v_{85}与v之差必须小于20km/h,且在道路路线的平、纵曲线设计中要尽可能使v_{85}与v保持一致。

依据《高速公路运行车速研究》中介绍的现场检测结果,v_{85}随v的不同的分布状况是:对于$v=120$km/h的高等级公路,小客车的v_{85}一般大于130km/h;对于$v=100$km/h的高等级公路,v_{85}一般大于110km/h;对于$v=80$km/h的高等级公路,v_{85}一般大于100km/h;对于$v=60$km/h的高等级公路,v_{85}一般大于80km/h。国外高等级公路上的情况基本相同:在$v>100$km/h的高速公路上,v_{85}一般比v大10km/h;在$v<100$km/h的高速公路上,v_{85}一般比v大20km/h。上述数据表明,高等级公路上在行车辆的v_{85}比v普遍要高,且随道路设计速度的降低,这种差别愈加明显。

为了使在行车辆的实际行驶速度与公路设计几何指标相适应,在高等级公路线形设计过程中可根据设计速度对v_{85}进行检验。检验的依据是道路的设计速度v与v_{85}之差应小于20km/h,如果检验的结果满足标准,说明确定的设计速度是适宜的。连续的道路线形能大大提高在行车辆的行驶安全性。因而,对于道路几何要素变化较大的路段,应使v_{85}与v之差的变化小于10km/h,以保证道路线形的连续性。确定设超高的平曲线半径、不设超高的平曲线半径、竖曲线半径、停车视距及车道宽度时,均可采用v_{85}。

4.2.2.3 设计速度的选取

干线公路的设计速度与很多因素有关,包括交通量大小、交通组成、道路断面形式等,因此,对设计速度的确定要综合考虑道路改造前的设计速度以及改造后道路所承担的功能、等级。不仅应该结合公路和城市道路的功能及要求,还要考虑道路所在地区以及服务功能,灵活选取。

(1)城市化地区干线公路设计速度的选取原则
①兼顾干线公路和城市道路服务功能的要求;
②根据主辅路速度差的合理范围进行合理取值;
③尽量减少对改造前老路的影响;
④减小与既有老路设计速度差值;
⑤控制设计速度与运行速度差值。

(2)城市化地区干线公路设计速度的选取

干线公路应根据公路功能、等级、交通量,结合沿线地形、地质等状况,经论证后确定设计速度。干线公路采用一级公路标准,且在纵、横向干扰小时,设计速度宜采用100km/h或80km/h。二级公路作为干线公路时,设计速度宜采用80km/h或60km/h。城市快速路设计速度选取时,除考虑交通量、地形等因素外,还要结合沿线土地利用、经济发展等综合考虑。城市快速路主线设计速度可采用60km/h、80km/h、100km/h。辅路设计速度宜为主线设计速度的0.4~0.6倍。机非分行的辅路宜取高值,机非混行的辅路宜取低值。

综合比较公路和城市道路设计规范,建议:
①Ⅰ级干线公路城市化改造工程主线采用一级公路设计标准,设计速度为100km/h或80km/h;辅路的设计速度为60km/h、50km/h或40km/h。
②Ⅱ级干线公路城市化改造工程主线采用一级公路设计标准,设计速度为100km/h、80km/h或60km/h;辅路的设计速度为60km/h、50km/h或40km/h。
③Ⅲ级干线公路城市化改造工程采用一级或二级公路设计标准,设计速度为80km/h或60km/h。

具体见表4-10。

城市化地区干线公路设计速度建议值 表4-10

道路等级	Ⅰ级干线公路		Ⅱ级干线公路		Ⅲ级干线公路
	主线	辅路	主线	辅路	
设计标准	一级公路	—	一级公路	—	一级公路(二级公路)
设计速度(km/h)	100、80	60、50、40	100、80、60	60、50、40	80、60

4.2.3 交通控制形式的确定

4.2.3.1 定性分析

本书将城市化改造干线公路进一步分级为Ⅰ级、Ⅱ级、Ⅲ级,由于其道路功能的侧重点不同,在城市化地区将传统干线公路改造为上述三种等级的干线公路所采取的交通控制形式也有所不同。

Ⅰ级干线公路由于主要满足车辆的快速通过功能,对可达性的要求低,对通过性的要求高,交通主体对车速的期望值高,因此全线应该全部控制出入,消除沿线的平面交叉口,从而避免相交道路横向交通对其上在行车辆的干扰,保证车辆运行的连续性以及快速行驶。

Ⅱ级干线公路的功能以车辆快速通过为主,对通过性的要求较高,对两侧用地的可达性有一定的要求,其主要的服务车次特性为大型组团之间的中长途出行,因此全线应该进行主辅分离,将主线交通与辅路交通分开,每隔一段距离打开侧分带让主线交通与辅路交通进行交织转换,或者在平面交叉口附近完成主辅路交通的转换。这种改造方式既满足了车辆通过性高的要求,又考虑到了大型组团之间的中长途出行。这种改造方式应该严格控制开口的数量和距离。

Ⅲ级干线公路在满足车辆快速通过功能的同时,还需兼顾集散功能,对通过性的要求适中,而对两侧用地的可达性要求较高,其交通主体为机动车与非机动车并重。因此,全线应该进行快慢分离改造,采用简易软、硬隔离设施分隔快慢交通,使快车靠中央分隔带行驶,慢车靠行车道边缘行驶。这种改造不仅满足了两侧用地的可达性要求,也考虑到了车辆的通过性要求。

4.2.3.2 定量分析

(1) 全部控制出入设置条件

①基本思路

将交叉口设置立体交叉的条件分为充分条件和必要条件,见表4-11。

立体交叉设置条件　　　　　表4-11

条件类型	条件描述	条件指标
充分条件	交叉口流量充分大	交通量
		交通流向组成(左转、直行、右转)
		交通组成(大车比例)
		各进口道流量均衡情况
	交叉口延误过大,超过了人们忍受的临界值	车均延误
必要条件	交叉口红线必须满足设置立体交叉用地要求	红线宽度
	交叉口在红线范围内经进口道拓宽后难以满足交叉口交通需求	

在确定一个交叉口应修建为平面交叉还是立体交叉时,可以先假设该交叉口为平面交叉,计算出其通行能力。将计算结果与事先预测到的交通量进行比较,如果通行能力比交通量大很多,则可以直接用平面交叉的形式处理该交叉口。而当通行能力与交通量相差不多甚至比交通量小时,就应该结合经济、环境等方面的因素考虑修建立体交叉。立体交叉一般也可分两种情况来考虑:一种是结合地形修建简易式立体交叉,适用于直行方向交通量比例非常大的交叉口;另一种则是互通式立体交叉,应根据各个方向的交通量结合地形等其他因

素综合考虑设计。

从交通需求角度来分析,两者之间是可以统一起来的,设置立体交叉最重要的条件应该是交通量条件和延误条件,而当交通量足够大时,必然导致延误增大,直到达到人们能够忍受的临界延误值 d_c。

②模型构建

设流向为进口 i 至出口 j 的交叉口流量为 Q_{ij},则交叉口总流量按式(4-4)计算。

$$V = \sum_{i=1}^{4}\sum_{j=1}^{4} Q_{ij} \tag{4-4}$$

设人们能忍受的最大车均延误为 d_c,则立体交叉设置的交通量条件模型可以表示为:

$$\frac{V}{C} = \frac{V}{\sum_i S_i \left(\frac{g_e}{c}\right)_i} \geqslant \left(\frac{V}{C}\right)_c \tag{4-5}$$

立体交叉设置的临界交通量 Q_c 可以按式(4-6)计算。

$$\begin{cases} Q_c = V_c = \min \sum_{i=1}^{4}\sum_{j=1}^{4} Q_{ij} \\ \dfrac{V}{C} = \dfrac{V}{\sum_i S_i \left(\dfrac{g_e}{c}\right)_i} \geqslant \left(\dfrac{V}{C}\right)_c \end{cases} \tag{4-6}$$

(2)临界条件

当路段交通流量达到平面交叉口通行能力时,需要进行交叉口立体交叉改造。根据对平面交叉口通行能力的分析,设置立体交叉的临界条件见表4-12。

设置立体交叉的临界交通量 表4-12

车道数(双向)	临界交通量(pcu/h)
4	1600
6	2200
8	3000

(3)机非分隔带设置临界条件

机动车的服务水平由机动车平均行驶速度与自由流速度比值决定。在机非共享路段,机动车受非机动车影响,自由流速度较低,机动车平均行驶速度变化不明显。图4-2是非机动车流量占机非总流量的不同百分比下机动车行驶速度的变化。由图4-2可知,当非机动车流量超过总流量的10%时,机动车的行驶速度大致稳定在20km/h。

非机动车的服务水平由事件数决定。当机动车和非机动车流量增加时,事件数变化显著。因此,可采用非机动车事件数作为是否设置机非分隔带(栏)的判别依据。

非机动车与机动车在无物理分隔的状态下混合行驶,除了非机动车之间会产生事件外,在与机动车直接相邻的自行车道上还会产生机动车事件。因此,在机非共享路段,非机动车的标准事件数为非机动车事件数和机动车事件数之和,见式(4-7)。

$$N = N_b + N_m \tag{4-7}$$

式中：N——平均每辆非机动车的标准事件数[个/(100m·5min·辆)]；

N_b——平均每辆非机动车的非机动车事件数[个/(100m·5min·辆)]；

N_m——平均每辆非机动车的机动车事件数[个/(100m·5min·辆)]。

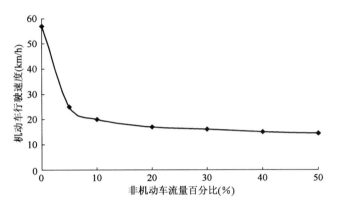

图4-2 不同非机动车流量条件下机动车行驶速度

假定机动车和非机动车在路段上都是以均匀的线密度分布的，并且机动车和非机动车在路段上都是以随机的速度分布的，据此建立机非共享道路非机动车的机动车事件数模型，再根据调查数据对模型进行修正。机非混行条件下平均每辆非机动车的机动车事件数修正模型见式(4-8)。

$$N_m = 5.52 \frac{1.2(v_m - v_b)}{nv_m v_b W_b} q_m + 0.77 \tag{4-8}$$

式中：N_m——平均每辆非机动车的机动车事件数[个/(100m·5min·辆)]；

v_m——机动车流的平均速度(km/h)，取20km/h；

v_b——非机动车流的平均速度(km/h)，取12.08km/h；

W_b——非机动车道当量宽度(m)，可按式(4-9)计算；

n——单幅机动车道实际车道数；

q_m——机动车流率(辆/5min)。

$$W_b = \left[-0.0119 \left(\frac{q_b}{q_m}\right)^2 + 0.1084 \left(\frac{q_b}{q_m}\right) + 0.2486 \right] \times W \tag{4-9}$$

式中：W——单向机非共享道路宽度(m)；

q_b——非机动车流率(辆/5min)。

本书以四级服务水平的上限作为设置机非分隔带的阈值，假设单向路幅宽度不超过10m，得到城市道路设置机非分隔带(栏)的建议，见表4-13。

城市道路设置机非分隔带(栏)建议 表 4-13

机动车道流量(单向)(pcu/h)	非机动车道流量(单向)(辆/h)						
	≤100	(100,200]	(200,300]	(300,400]	(400,500]	(500,600]	>600
≤100	—	—	—	—	—	—	设置
(100,200]	—	—	—	—	—	—	设置
(200,300]	—	—	—	—	—	—	设置
(300,400]	—	—	—	—	—	—	设置
(400,500]	—	—	—	—	—	—	设置
(500,600]	—	—	—	—	—	设置	设置
(600,700]	—	—	—	—	—	设置	设置
(700,800]	—	—	—	—	—	设置	设置
(800,900]	—	—	—	—	—	设置	设置
(900,1000]	—	—	—	—	设置	设置	设置
(1000,1100]	—	—	—	—	设置	设置	设置
(1100,1200]	—	—	—	—	设置	设置	设置
(1200,1300]	—	—	—	设置	设置	设置	设置
(1300,1400]	—	设置	设置	设置	设置	设置	设置
>1400	设置	设置	设置	设置	设置	设置	设置

综上,各种改造形式的临界交通量见表4-14。

临 界 交 通 量 表 4-14

车道数(双向)	临界交通量(pcu/h)		
	全部控制出入	主辅分离(隔离带)	快慢分离(简易隔离)
4	>1600	1200~1600	<1200
6	>2200	1200~2200	
8	>3000	1200~3000	

第5章 干线公路城市化改造总体设计

5.1 总体设计原则

5.1.1 一般规定

《公路路线设计规范》(JTG D20—2017)规定：
(1)总体设计应论证确定公路功能、技术标准、建设规模及建设方案。
(2)总体设计应统一协调路线、路基、路面、桥涵、隧道、路线交叉、交通工程与沿线设施各专业内、外部的关系，明确相关设计界面和接口，使之成为完整的系统工程，符合安全、环保、可持续发展的总体目标。
(3)总体设计的主要内容应根据公路建设项目特点、条件和技术等级有所差异，应根据项目设计阶段不同而有所侧重。

《城市道路路线设计规范》(CJJ 193—2012)规定：
(1)快速路、主干路、大桥和特大桥、隧道、交通枢纽应进行总体设计，其他道路可根据相关因素、重要程度进行总体设计。
(2)总体设计应贯穿于道路设计的各个阶段，应系统、全面地协调道路工程项目外部与内部各专业间的关系，确定本项目及其各分项的技术标准、建设规模、主要技术指标和设计方案，并应符合安全、环保、可持续发展的总体目标。

由上述规范总结可知，总体设计应包括下列主要内容：
①制定设计原则；
②明确道路性质、功能定位、服务对象；
③确定技术标准、建设规模、主要技术指标；
④确定工程范围、总体方案和道路用地，并协调与相邻工程的衔接；
⑤提出交通组织设计方案；
⑥落实节能环保、风险控制措施。

5.1.2 主要考虑因素

(1)根据路线在路网中的位置、功能,综合考虑路线走廊带范围的远期社会、经济发展,城市、工矿企业的现状与规划,铁路、水路、航空、管道的布局,自然资源状况等,确定项目起讫点、主要控制点以及与之相互平行、交叉等项目的衔接关系。

(2)科学确定技术标准,合理运用技术指标,注意地区特性与差异,精心做好路线设计,必要时宜进行安全性评价,以保障行车安全。因条件受限制而采用上限(或下限)技术指标值或线形组合设计有难度的路段,应采用运行速度进行检验,并采取相应技术对策。

(3)应在查明路线走廊带的自然环境、地形、地质等条件的基础上,认真研究路线方案或工程建设与生态环境、资源利用的关系,采取工程防护与生态防护相结合等技术措施,减少对生态的影响,加大恢复力度,最大限度地保护环境。

(4)做好与综合运输体系、农田与水利建设、城市规划等的协调与配合,充分利用线位资源,合理确定建设规模,切实保护耕地,使走廊带的自然资源得以充分利用,公路建设得以可持续发展。

(5)总体协调公路工程各专业间、相邻行业间和与社会公众的关系,其设计界面、接口等应符合相关法规、标准、规范的要求或规定,并注意听取社会公众意见。

(6)路线方案比选应针对设计、施工、养护、运营、管理的各阶段,从安全、环保、可持续发展理念出发,运用全寿命周期成本分析方法进行论证,采用综合效益最佳、服务质量最好的设计方案。

5.1.3 总体设计要点

(1)路线起讫点

路线起讫点应符合路网规划要求。确定起讫点位置时,应为后续项目预留一定长度的接线方案,或拟定具体实施的设计方案。

(2)确定道路等级、设计速度

根据道路功能、设计交通量、沿线地形与自然条件等,论证并确定道路等级、设计速度和设计路段。恰当选择不同设计路段的衔接地点,处理好衔接处的过渡及其前后一定长度范围内的线形设计。

(3)确定车道数

根据设计交通量论证并确定车道数;具有集散功能的一级公路、二级公路应根据混合交通量及其交通组成论证设置慢车道的条件,结合定性分析,确定机动车道数。非机动车道数、人行道宽度也可根据预测交通量和使用要求,按通行能力论证确定。

(4)横断面布置

高速公路、一级公路一般情况下宜采用整体式路基;位于丘陵、山区时,应结合地形、地质条件以及桥梁、隧道的布设等论证采用分离式路基的可行性。

此外,城市化地区干线公路横断面布置应根据道路等级、红线宽度、交通组织和建设条件等,划分机动车道、非机动车道、人行道、分车带、设施带、绿化带等并确定其宽度,并应满足地下管线综合布置要求；特殊断面还应包括停车带、港湾式公交停靠站、路肩和排水沟的宽度。

（5）路线方案设计

路线方案设计应减小对沿线生态环境的影响，并做好防护、排水、取土、弃土等设计。当出现高填、深挖时，应与架桥、建隧方案进行比选论证。

高架路或隧道的设置应根据道路等级、相交道路或铁路的间距、交通组织以及道路用地、地形地质、沿线环境等实施条件，经多方案比选和技术经济论证，确定总体设计方案以及布设长度、横断面布置、匝道和出入口布置、结构形式、衔接段设计方案等。

（6）交叉节点设置

综合拟定交叉节点的位置、规模和间距，以符合功能、安全、服务所需的最小（或最大）距离。

交叉节点设置应根据相交道路等级、使用要求、交通流量流向、车流运行特征、控制条件以及社会经济效益、环境等因素，合理确定其位置、间距、分类、选型、交通组织和用地范围等。

（7）过街设施

人行过街设施应根据道路等级、横断面形式、车流量、行人过街流量和流线确定，可分别采用人行横道、人行天桥或人行地道的形式，并应提出设置人行过街设施的规模及配套要求。

（8）公共交通设施

公共交通设施应结合公交线网规划设计，提出公交专用道、公交站点的布置形式。

（9）交通组织设计方案

道路设计应分别对路段、交叉口、出入口提出机动车、非机动车、行人以及客车、公交车、货车的交通组织设计方案。

（10）交通工程及沿线设施

交通安全和管理设施应按主体工程的技术标准、建设规模及项目交通特性，确定其相应的技术标准、设施等级、设置内容和设计方案，并应协调各设施间的衔接与配合。

（11）分期修建方案

分期修建的道路工程，应按远期规划的技术标准进行总体设计，并制订分期修建的设计方案，应近远期工程相结合。

5.2 平交口立体化改造

干线公路城市化改造后，需要兼顾快速交通及慢速交通。为了保证干线公路主线的快速交通，需要对干线公路主线平交口进行立体化改造。

5.2.1 平交口改造形式

5.2.1.1 改造形式具体分析

平交口改造有以下三种形式：改进式平面交叉、分离式立体交叉、部分互通式立体交叉。

在平交口快速化改造中,相交道路较少为快速路,多为主干路、次干路等,转向交通量相对较小,一般近期不需要建设大型的全互通立交。

对于平交口改造形式的选用,应根据相交道路(主线、支线)等级、交通量、路网交通规划、工程造价等因素综合确定。

(1)改进式平面交叉

将原平交口封闭,主线与辅路隔离,辅路与支线相接,实现右进右出,主线提供快速行驶通道,辅路可与支线相接,实现右转功能,如图5-1所示。

优点:①形式简单,工程造价低;②主线上不设置出入口,有利于车辆的快速通行;③辅路与支线实现右转功能,交通组织方便,减少了交通冲突。

缺点:主线交通与支线交通不能实现有效转换,缺少左转功能,支线交通被截断,车辆不能直行通过交叉口,需要绕行。

适用条件建议:适用于快速路与城市次干路、支路相交处,主线直行交通量大、转弯交通量小,支线设计速度较低、直行交通量小的交叉口。支线交通必须贯通,或主线左转交通量较大的交叉口不宜采用这种形式。

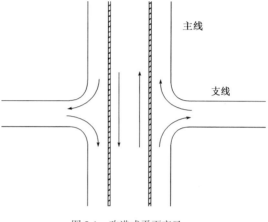

图5-1 改进式平面交叉

(2)分离式立体交叉

这种形式通过设跨线构造物(跨线桥或地道),使相交道路在空间上分离,上、下道路间无匝道连接,如图5-2、图5-3所示。

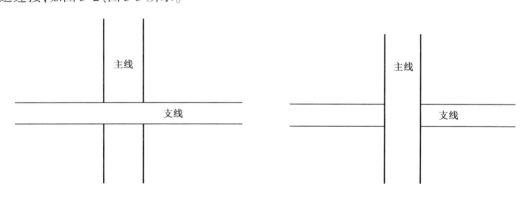

图5-2 分离式立体交叉(一)   图5-3 分离式立体交叉(二)

优点:主线与支线分离,互不干扰,有利于车辆的安全通行。

缺点:相交道路之间无转向匝道,不能实现交通转换。

适用条件建议:适用于快速路与主干路、次干路、支路相交处,直行交通量大、转弯交通量小的交叉口。有以下情况也可修建分离式立体交叉:①因交通组织不允许转弯行驶,可不设转弯车道的交叉处;②因场地或地形条件限制,为减少工程数量和降低造价处;③路网密度大,相邻交叉口为互通式立交,且间距较短,避免互通式立交过于密集,造成快速路出入口间距不满足安全要求,选择在以直行交通为主的交叉口设置分离式立交,少量转弯车辆可通过路网分流,从其他道路通过。

(3)部分互通式立体交叉

相交道路的车流轨迹线之间至少有一个平面冲突点的交叉称为部分互通式立体交叉。

优点:可以实现主线与支线部分转向功能,设计阶段需要论证转向匝道布置的必要性,以适应具体的交通现状。

缺点:①形式较为复杂,工程造价较高;②主线、支线均存在出入口,对直行交通产生一定的干扰,分流、合流路段车辆行驶的安全性有所降低。

适用条件建议:快速路与主干路、次干路相交处,主线直行交通量较大,两路交叉的8个转向中部分转向交通量较大,部分转向交通量较小,可设置必要的转向匝道,修建部分互通式立体交叉。另外,当交叉口分期修建,受地形、地物限制某个方向不能布设匝道时,也可采用这种形式。

在本书所研究的工程背景下,部分互通式立体交叉的常用形式有菱形立体交叉和部分苜蓿叶式立体交叉等。

菱形立体交叉是用4条直线形匝道来实现所有方向(左转、右转)车辆转弯的立体交叉形式。快速路上的菱形立体交叉相对简易,一般只设右转和左转公用的匝道使主要道路与次要道路连接,在跨线构造物两侧的次要道路上为平面交叉口,如图5-4所示。

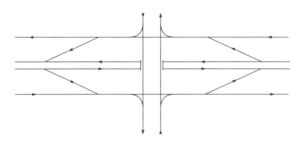

图5-4 菱形立体交叉

优点:①形式简单,仅需一座跨线构造物,占地较小;②能保证主线直行车量的快速畅通,主线下穿时匝道坡度便于驶出车辆减速和驶入车辆加速。

缺点:易出现"匝道排队回溢现象",即支线与匝道连接处为平面交叉,在机动车和非机动车交通量都较大时,容易出现交通堵塞的现象,匝道储存排队车辆的容量有限,等待车辆长期占有匝道,不仅造成地面平交口区域的交通拥堵,而且排队现象会延伸到主线上,影响快速路主线车辆的正常通行。

适用条件建议:适用于城市快速道路与次干路相交处,并且交叉口行人和非机动车的交通可以不考虑,或者可以通过适当的人行过街天桥或地道、地面平交口等方式解决。

部分苜蓿叶式立体交叉是相对于全苜蓿叶式立体交叉而言的。全苜蓿叶式立体交叉是由4个小环道来实现4个方向左转所构成的立体交叉形式,匝道数与转弯方向数相等,为全互通、全立体交叉型。部分苜蓿叶式立体交叉是全苜蓿叶式立体交叉去掉部分匝道而形成的一种立体交叉形式。快速路上的部分苜蓿叶式立体交叉一般在部分左转弯方向不设环圈式左转匝道,而在次要道路上以平面交叉的方式实现左转弯车辆的运行,如图5-5所示。

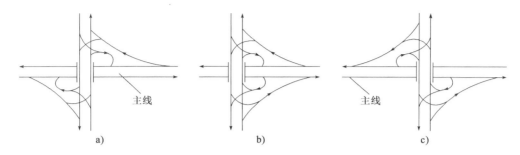

图5-5 部分苜蓿叶式立体交叉

优点:①仅需一座跨线构造物,用地和工程造价相对其他互通立交形式较小;②可保证主线直行车流的快速畅通;③单一的驶出方式简化了主线上的标志;④便于分期修建,远期可扩建为全苜蓿叶式立体交叉。

缺点:支线道路上为平面交叉,有停车等待和错路运行的可能。

适用条件建议:适用于两路相交地区用地紧张,部分象限用地受限,部分左转弯交通可绕行其他道路,或者支线道路的交通量较小,容许在其交叉口形成平面交叉,解决部分转向的交通组织。

5.2.1.2 改造形式综合比较

平交口改造形式比较分析见表5-1。

平交口改造形式比较分析   表5-1

平交口改造形式	改进式平面交叉	分离式立体交叉	部分互通式立体交叉
相交道路等级	快速路—次干路、快速路—支路	快速路—主干路、快速路—次干路、快速路—支路	快速路—主干路、快速路—次干路
交通量特点	主线直行交通量大、左转交通量小,支线直行、左转交通量小	主线、支线直行交通量大,转弯交通量小	直行交通量较大,部分转向交通量较大,主线与支线之间需要实现一定的衔接
相邻交叉口情况	对交叉口类型、间距等没有限制	若为平交口,要考虑跨线桥、隧道纵坡起讫点与平交口的距离能否满足行车安全的要求	若为平交口,间距问题的考虑同分离式立交;若为互通式立交,间距需满足规范要求
占地	较小	一般	较大
工程造价	较低	一般	较高

5.2.2 相交道路穿越方式

5.2.2.1 相交道路穿越方式分类

除封闭式外,对平面交叉进行立体化改造,无论分离式还是部分互通式,都存在主线与支线道路相交的问题,其方式有三种:上跨式、下穿式、半上跨半下穿式。

(1)上跨式:指道路用桥跨方式从相交道路上方跨过的立交方式,立交上线高程高出地面,用引道与主线连接。上跨式又分为主线上跨式和支线上跨式。

(2)下穿式:指道路用地道桥、路堑或隧道从相交路线下方穿过的立交方式,立交下线高程低于地面,用坡道与主线连接。下穿式又分为主线下穿式和支线下穿式。

(3)半上跨半下穿式:这种形式的竖向布置介于上述两种形式之间,其特点是争取合理的跨线高程,使工程整体有利。半上跨半下穿式又分为主线上跨支线下穿式和支线上跨主线下穿式。

将穿线方式分为上述六种,是因为考虑到由平交改为立交时工程范围的问题,例如,主线上跨方式可理解为对主线进行调整,而对支线基本不调整。

5.2.2.2 各穿越方式优缺点及适用条件分析

(1)主线上跨式

优点:①工程造价适中;②排水问题容易解决;③对地下管线干扰较小。

缺点:主线抬高路段影响视线和周围景观,同时对周边企业、居民有一定的噪声污染。

适用条件建议:快速路与等级较低的地方支路相交时,主线可采用桥梁形式直接跨越其他道路,如图 5-6 所示;快速路跨越连续多条相交道路时,可采取连续跨越的形式,如图 5-7 所示。并且适用于乡村及城郊用地较宽裕、地面建筑物干扰较少以及交叉口地势为凹形地带的情况。

图 5-6 主线上跨构造(一)

图 5-7 主线上跨构造(二)

(2)主线下穿式

优点:①工程占地较小;②下穿路段对视线和周围景观影响较小;③道路噪声及振动对地

面干扰较小。

缺点:①造价较高;②施工难度、风险相对较大,工程需要大开大挖;③地下管线、地下水对工程影响较大;④排水困难,若周边区域水网水位较低可采用直排入河道的形式,若周边区域水位较高则需要设置泵站,夏季暴雨期间容易产生路面积水,养护维修成本较高;⑤长距离下穿路段(>500m 时)的通风、照明需求必须予以考虑;⑥较难升级完善,工程完成后很难进一步改造。

适用条件建议:适用于城市中主线用地较紧张、地面建筑物干扰较大、对环境景观要求较高以及交叉口地势为凸形地带的地区,如图 5-8、图 5-9 所示;交叉口地下空间如已被地铁、地下商场等占用,则无法采用这种形式;地下管线、构造物较多,也不宜采用这种形式。

图 5-8　主线下穿构造物

图 5-9　主线下穿地面平交口

(3) 支线上跨式

优点:①工程数量较小,支线宽度一般在 10m 左右,架设桥梁跨越主线简单易行,工程造价相对较低,后期养护成本低;②主线纵断面平顺,汇入、汇出车流利用辅路通行,对主线快速交通的干扰影响减小;③辅路与主线的进出口设置不受交叉位置的影响,可较灵活设置,有利于主线与辅路之间交通的快速转换。

缺点:①为保证主线行车净空,支线上跨桥高度一般较大,增加了支线造价,不利于支线两侧土地开发;②主线车辆右转需先进入辅路通过匝道实现,主线车辆行驶速度较快,整个过程要充分降速;③左转车辆交通组织困难,左转车辆都是通过先右转再掉头的形式实现左转,支线道路一般较窄,给大型车辆掉头带来困难,容易形成交通事故和交通拥挤,建议就近利用支线上平交口或设置专用掉头区域。

适用条件建议:相交道路为地方次要道路时,建议采用支线上跨形式,如图 5-10、图 5-11 所示。

(4) 支线下穿式

优点:①占地较小;②可较灵活地设置出入口;③景观影响较小;④噪声及振动干扰较小。

缺点:①施工难度较大,工程需要下挖;②需考虑对地下管线、地下水的影响;③存在暴雨季节排水问题。

适用条件建议:若该段落主线受地形、地物影响不能上抬,则只能采用支线下穿的形式,如图 5-12、图 5-13 所示。

图5-10 支线上跨构造

图5-11 支线上跨转向匝道(右转)

图5-12 支线下穿构造

图5-13 支线下穿转向匝道(右转)

(5)主线上跨支线下穿式

优点:①避免了相交道路中任何一条过于上抬或下挖,工程难度及造价有所降低;②主线、支线纵断面同时调整,可以避免纵断面起伏过大引起的车速不均衡,提高了行车安全性与舒适性;③管线问题、排水问题得到解决,与单纯的主线或支线下穿相比,难度有所降低。

缺点:①纵断面设计时需对主线、支线综合考虑,确定合理的主线上跨高度、支线下挖深度;②工程涉及主线、支线道路的调整,影响因素较多,施工范围较大。

适用条件建议:适用于交叉口地势平缓,主线、支线的上跨或下穿都会引起纵断面起伏过大;周边区域水位较高,解决主线、支线下穿排水问题都比较困难;城市地区需要照顾非机动车和行人交通的情况。

(6)支线上跨主线下穿式

优点:与主线上跨支线下穿式相似,可以避免部分较难解决的工程问题,并且有利于纵断面线形的优化。

缺点:支线上跨,下方的主线与支线无法形成平面交叉口,左转交通无法方便实现。

适用条件建议:适用于交叉口地势平缓,其他穿越方式均不适用的情况。

对相交道路穿越方式进行综合比较分析,见表5-2。

平交口改造中相交道路穿越方式比较分析　　　　表5-2

分析条件	穿　越　方　式					
	主线上跨式	主线下穿式	支线上跨式	支线下穿式	主线上跨支线下穿式	支线上跨主线下穿式
适用地形	凹形地带	凸形地带	非凸形地带	非凹形地带	地势平缓地带	地势平缓地带
占地	较大(修建半互通式立体交叉则占地更大)	一般、较大(修建半互通式立体交叉)	一般	较小	一般	一般
地面建筑干扰	较少,可拆迁	大,不可以拆迁	较少	较大	较少	较少
地下空间占用	不考虑地下空间影响	未被占用	不考虑地下空间影响	未被占用	浅层未被占用	浅层未被占用
工程造价	一般、较大(修建半互通式立体交叉)	较大(修建半互通式立体交叉则占地更大)	较小	一般	较大	较大
地下管线	不能拆除或迁移	干扰较小	不能拆除或迁移	干扰较小	干扰较小或可以迁移	干扰较小或可以迁移
排水问题(周边区域水位)	较高	较低	较高	较低	较高、适中	较高、适中
噪声及振动(对道路沿线建筑的影响)	较大,必要时采取隔离措施	基本没有影响	较小	基本没有影响	较小	较小
通风与采光	不用特别考虑	设置合理的通风、照明设施,长隧道需要特别考虑	不用特别考虑	需要考虑通风、照明问题	不用特别考虑	不用特别考虑
道路景观要求	一般,城市地区注重景观设计	较高	一般,城市地区注重景观设计	较高	一般	一般
施工影响	工期短、影响小,条件允许施工期可不封闭交通	工期长,开挖法影响大,顶进法影响稍小	工期短、影响小,条件允许施工期可不封闭交通	工期较长,开挖法影响较大,顶进法影响稍小	工期较长,影响范围较大	工期较长,影响范围较大

续上表

分析条件	穿越方式					
	主线上跨式	主线下穿式	支线上跨式	支线下穿式	主线上跨式 支线下穿式	支线上跨式 主线下穿式
工程分期修建	远期可以将分离式立体交叉改建为互通式	远期增加车道、横向扩建困难	远期可以进行一定程度的扩建	远期增加车道、横向扩建困难	远期可以进行一定程度的扩建	远期可以进行一定程度的扩建

5.2.2.3 适应性较优的穿越方式

通过对各种方式的优点、缺点、适用条件建议的分析,以及从适用地形、占地、地面建筑干扰、地下空间占用、工程造价、地下管线、排水问题、噪声及振动、通风与采光、道路景观要求、施工影响、工程分期修建等众多方面的比较,可以看出:上跨结构对地面建筑干扰较大,噪声污染相对严重,且影响地面景观;下穿结构则对地下管线影响较大,排水问题较难解决,施工难度较大,且工程较难扩建升级。

因此,在六种穿越方式中,主线上跨支线下穿方式具有明显的优势:

首先,两条相交道路同时调整,可以避免主线或支线过度上抬或下挖,不仅降低了工程难度,还缓解了很多工程问题,如下穿通道的排水设置、对浅层地下管线的影响、上跨结构景观性、噪声影响等。并且这种方式有利于纵断面线形的优化,更好地保证车速的平稳性,对提高改造路段的交通安全、减少交通事故意义重大。

其次,同是对两条道路进行改造,相较于支线上跨主线下穿式,主线上跨支线下穿式的交通组织更为便利,可利用地面平交口组织转向交通。

因此,建议将这种适用范围较广、安全性较优的形式在工程实践中加以推广。

第6章 干线公路城市化改造路线设计

6.1 横断面设计

6.1.1 横断面设计考虑因素

针对城市化地区干线公路横断面存在的问题,在进行道路横断面设计时,需综合考虑其影响因素。

(1)道路功能地位

城市化地区干线公路既是公路网的骨架,能快速联系各个城市,承担城市间的主要客货运输,形成机动车的快速过境通道,又是区域组团交通的重要集散地,能将集结其上的大量区域交通流顺利地疏解到各自的目的地去。其道路性质决定了城市化地区干线公路横断面设计宜采用主辅路结合的形式,主线保证车流的顺畅,使车辆快速通过,辅路的主要功能是为干线公路的区域交通流服务。

(2)红线宽度

根据道路红线宽度可以确定干线公路主线和辅路的车道数,同时道路红线宽度在一定程度上还决定着人行道、非机动车道和各种隔离设施的宽度。

(3)交通组成

交通组成即各种车型比例是横断面设计中机动车道宽度的重要影响因素。当客货车较多时,车道宽度应采用道路规范规定的上限值。

(4)沿线土地开发状况

不同的道路断面适应不同的区域经济,且造价也不同。沿线土地开发强度较大,产生的区域交通也多,因此势必会影响道路断面的布置形式。

(5)景观要求

城市化地区干线公路最终转化为城市类道路,因此在建设初期应进行合理的规划,更加注重干线公路景观效果,在选择横断面设计形式时,也应在景观方面进行对比分析。

(6)安全要求

如何保证过境交通顺利通过城市化地区,并且保证区域组团交通在该干线公路上的安全便捷,也是该地区干线公路横断面设计必须考虑的问题。

总之,城市化地区干线公路横断面的布置形式,是该地区干线公路各项功能或要求的具体反映,受到道路功能、红线宽度、交通结构、沿线用地状况等因素影响,在选用时需全方位考虑。

6.1.2 车道宽度

6.1.2.1 机动车道宽度

所谓车道,是指纵向排列、以安全顺适地通行车辆为目的而设置的公路带状部分。为了保证交通安全和行驶顺适,应根据交通组成、车速高低确定各种车辆以不同速度行驶时机动车道所需的宽度。

干线公路车道宽度根据设计速度确定,见表6-1。

干线公路车道宽度　　　　　表6-1

设计速度(km/h)	120	100	80	60
车道宽度(m)	3.75	3.75	3.75	3.50

城市道路车道宽度根据设计速度的不同,一条机动车道的最小宽度应符合表6-2的规定。

城市道路机动车道宽度　　　　　表6-2

车型及车道类型	设计速度(km/h)	
	>60	≤60
大型车或混行车道(m)	3.75	3.50
小客车专用车道(m)	3.50	3.25

根据上述两表可知干线公路城市化改造车道宽度依据速度确定,设计速度≤60km/h时可取3.50m,设计速度>60km/h时可取3.75m。

6.1.2.2 非机动车道宽度

(1)城市道路设计体系和标准规定如下:

①一条非机动车道宽度应符合表6-3的规定。

城市道路非机动车道宽度　　　　　表6-3

车辆种类	自行车	三轮车
非机动车道宽度(m)	1.0	2.0

②与机动车道合并设置的非机动车道,车道数单向不应小于2条,宽度不应小于2.5m。

③非机动车专用道路面宽度应包括车道宽度及两侧路缘带宽度,单向不宜小于3.5m,双向不宜小于4.5m。

(2)干线公路城市化改造郊区段,在非机动车交通量不大且老路改造条件受限的情况下,非机动车道可利用干线公路原有硬路肩。根据公路设计体系和标准,供非机动车行驶的硬路肩宽度应至少保持2.5m,同时必须加强交通管理,保证非机动车出行安全。

6.1.2.3 人行道宽度

(1)干线公路城市化改造新建人行道宽度必须满足行人安全顺畅通过的要求,并应设置无障碍设施。人行道最小宽度应符合表6-4的规定。

城市道路人行道宽度   表6-4

道路类型	人行道最小宽度(m)	
	一般值	最小值
城市道路	3.0	2.0

(2)干线公路城市化改造郊区段的人行道可利用干线公路硬路肩。根据公路设计体系和标准,供行人使用的硬路肩宽度应至少保持2.5m,同时应加强交通管理,保证行人安全通行。

6.1.3 横断面设计方案

6.1.3.1 干线公路与城市道路标准断面

(1)干线公路常用标准断面

根据《公路工程技术标准》(JTG B01—2014)和《公路路线设计规范》(JTG D20—2017),公路路基的标准横断面一般由车道、中间带(中央分隔带、两侧路缘带)、路肩(硬路肩、土路肩)等部分组成。

①干线功能一级公路标准断面

设计速度为100km/h时,一般路基段宽度宜选用33.5m或26m,断面布设条件受到限制时,局部路段路基宽度可选用24.5m或23.0m,如图6-1所示。

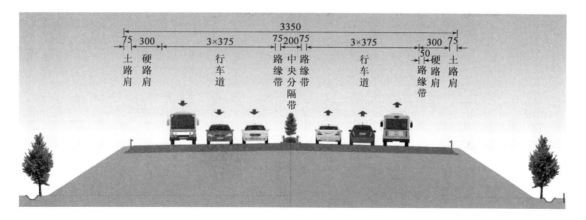

图 6-1

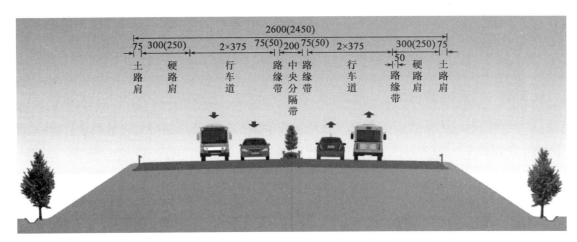

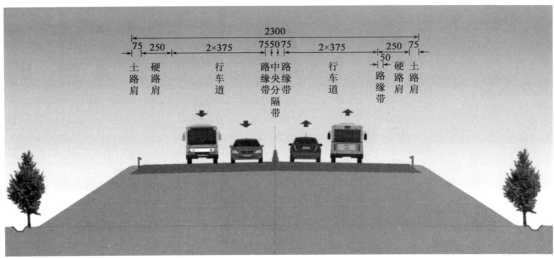

图 6-1 100km/h 一级公路标准断面(尺寸单位:cm)

设计速度为 80km/h 时,一般路基段宽度宜选用 24.5m,断面布设条件受到限制时,局部路段路基宽度可选用 21.5m 或 21.0m,如图 6-2 所示。

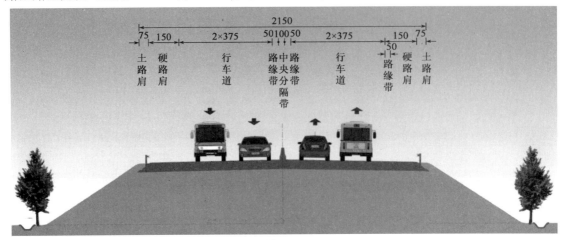

图 6-2

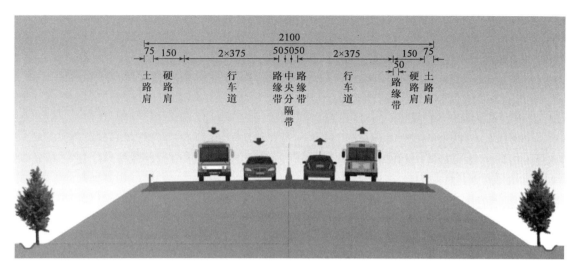

图6-2 80km/h一级公路标准断面(尺寸单位:cm)

②二级公路标准断面

设计速度为80km/h时,一般路基段宽度宜选用15.0m或15.5m,如图6-3所示。

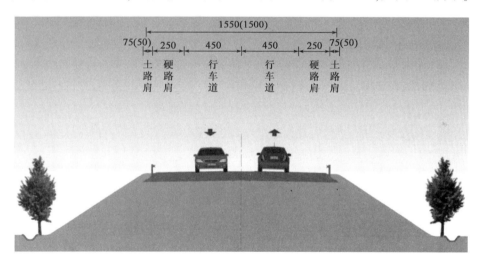

图6-3 80km/h二级公路标准断面(尺寸单位:cm)

设计速度为60km/h时,一般路基段宽度宜选用12.0m或12.5m,如图6-4所示。

(2)城市道路常用标准断面

根据《城市道路工程设计规范(2016年版)》(CJJ 37—2012),城市道路横断面一般包括行车道(机动车道、非机动车道)、人行道、分隔带(中央分隔带、两侧分隔带)以及绿化带等。城市道路横断面一般根据其分隔带的不同分为四种形式:单幅路、双幅路、三幅路、四幅路,如图6-5~图6-8所示。

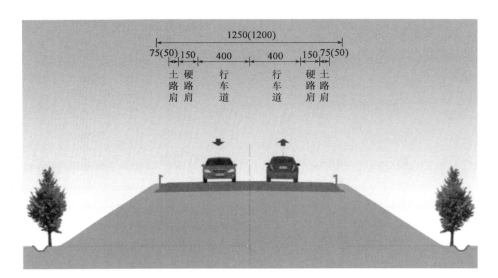

图 6-4　60km/h 二级公路标准断面(尺寸单位:cm)

图 6-5　城市道路单幅路标准断面

图 6-6　城市道路双幅路标准断面

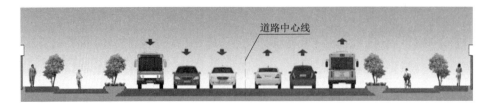

图 6-7　城市道路三幅路标准断面

图 6-8 城市道路四幅路标准断面

一般路段,横断面只要按照《公路工程技术标准》(JTG B01—2014)和《公路路线设计规范》(JTG D20—2017)进行布置和设计即可,变化并不大,都和标准横断面类似。

干线公路断面改造主要结合其功能要求、交通流状况、交通量大小等分为两大类来进行横断面的布置和设计:一类是分离人非与机动车道,按城镇断面改造;另一类是分离过境交通流与区域组团交通流,按主辅断面进行快速化改造。

6.1.3.2 干线公路城镇段改造断面

二级公路及交通量相对小的一级公路途经城镇段可考虑改造为干线公路城镇段断面形式。干线公路城镇段的横断面可按照下述方式布置。

(1)增加行车道数

增加行车道数,既能保证过境交通流的通畅,又能有足够的空间为增加的中小城镇的交通提供通道。可采取两种方式:一种是在现有基础上拓宽机动车道,将车道由现状双向四车道或者双向两车道改造为双向六车道或者双向四车道;另一种是保持现有机动车道作为主线,在两侧增设辅路以供沿线使用。图 6-9 为现状断面图,增加车道方案如下:

方案一:将双向四车道机动车道拓宽改造为双向六车道,如图 6-10 所示。

图 6-9 现状断面图

图 6-10 增加车道方案一

方案二:中间双向四车道主线保持不变,在老路两侧增加机动车道作为辅路,主辅路之间以绿化带隔离,如图 6-11 所示。

图 6-11　增加车道方案二

(2) 设置中央分隔带

一级公路的横断面一般都设置有中央分隔带,二级公路则没有。设置中央分隔带能分隔对向交通流,防止对向车辆碰撞发生的交通事故,还能控制和引导车辆转向行驶,并能在行人、非机动车过街时作为安全岛。城镇段交通复杂,混合交通现象严重,存在大量横向干扰,许多利用公路出行的中小城镇车辆更是任意转向甚至掉头行驶,因此,十分有必要在其横断面设置中央分隔带。

根据《公路工程技术标准》(JTG B01—2014)和《公路路线设计规范》(JTG D20—2017),一级公路无论采用哪个设计速度,横断面设计都必须设置中间带(包括中央分隔带和左侧路缘带),二级公路的标准横断面却没有规定。对于一般路段,这个规定是可取的,但是对于城镇段,本书认为应该都设置中央分隔带。结合我国公路和城市道路的情况,中央分隔带大致有三种设置形式:双黄线设置、双黄线配合护栏设置、绿化带式设置。

① 双黄线设置

双黄线是在道路中央施划的两条有规定宽度的黄色隔离线,表示严格禁止车辆跨线超车或压线行驶。这种方式在城市道路和一般公路中比较常见,如图 6-12 所示。

图 6-12　双黄线设置

双黄线设置的中央分隔带具有设置简单、占地少的优点,但是它也具有一些缺点:a. 没有真正隔离对向交通流,车辆仍然可能冲入对向车道而发生碰撞;b. 不能禁止中小城镇非机动车和行人任意穿越公路,且在其穿越时,不能提供安全庇护;c. 不能控制车辆任意转向甚至掉头行驶,给交通安全造成很大的威胁;d. 在夜间不能有效防止车辆眩光带来的影响,尤其是中小城镇交通复杂,一旦出现眩光,驾驶员来不及反应或反应不正确,容易发生交通事故。所以,干线公路的中央分隔带已规定不再采用这种设置方式。

②双黄线配合护栏设置

这种设置方式是在前一种设置方式的基础上添加了护栏硬隔离,在我国城市道路中最为常见,如图6-13所示。

图6-13 双黄线配合护栏设置

双黄线配合护栏设置的中央分隔带同样具有设置简单、占地少的优点,而且能够有效地限制非机动车和行人的任意穿越行为,控制车辆任意转向甚至掉头行驶。它存在的问题主要有:a.虽然分离了对向交通流,减少了车辆对向相撞的可能性,但护栏刚性较弱,仍可能发生对向碰撞事故;b.不能防止车辆眩光带来的影响,车辆夜间行车时易发生交通事故。

③绿化带式设置

这种设置方式是在中央分隔带上种植各种花草灌木,将其变成绿化带,在高等级公路以及一些对景观要求较高的城市道路中设置得较多,如图6-14所示。

图6-14 绿化带式设置

绿化带式设置的中央分隔带的缺点是建设成本较高且占用土地较多,但它也有较多的优点:a.彻底隔离了对向交通流,极大地减小了车辆发生对向碰撞的可能性;b.有效限制了非机动车和行人的任意穿越行为,减少对过境交通流的横向干扰,并且能够为横穿公路的非机动车和行人提供安全庇护;c.能够杜绝车辆任意转向甚至掉头行驶,而且中央分隔带具有一定宽度,可以拓展出转向车道,使得转向车辆从相对高速的直行车辆中分离出来,避免追尾事故的发生;d.中央分隔带的绿化能够起到防眩作用,对于夜晚行车有利,能够有效减少夜晚交通事故数量。

综上,城镇段的横断面都应设置中央分隔带,其形式以绿化带式设置为最好,双黄线配合护栏设置次之。当条件允许时,采用绿化带式设置中央分隔带,对于一级公路,其宽度采用规范规定的指标即可;对于二级公路,其宽度可采用设计速度为60km/h的一级公路的宽度指标。当条件不允许时,采用双黄线配合护栏设置中央分隔带。

(3)将路肩改成非机动车道及人行道,并设置侧分带

中小城镇的非机动车及行人常利用开放式干线公路出行,对过境交通流造成很大的干扰。更严重的是,人们常常会在公路两侧设摊摆点,严重挤占公路的空间,易引发公路交通事故。为了将中小城镇的非机动车与行人和过境交通流分离,同时减小公路两侧摆摊设点的影响,建议在公路两侧设置侧分带。

这样,中小城镇利用公路出行的居民和非机动车就不会与过境交通流混合而影响其交通安全。这样的布置,将中小城镇利用公路出行的非机动车及行人与过境交通流分隔开来,可以大大降低交通事故发生的可能性。设置中央分隔带可以降低对向行驶车辆碰撞的可能性,并提高横穿公路的车辆及行人的安全性,而且使得横穿车辆及行人必须在指定开口通过,容易进行交通控制。

侧分带的设置形式可以参照中央分隔带,在两侧土地利用条件允许的情况下,可以考虑采用绿化带式;如果土地利用条件难以满足,则建议采用护栏形式。

按照上面的方式布置,干线公路城镇段横断面形式大致如图6-15、图6-16所示。

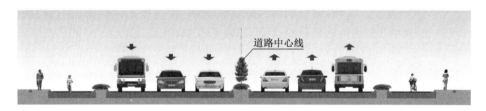

图6-15　干线公路城镇段断面(设置中央分隔带)

图6-16　干线公路城镇段断面(设置双黄线配合护栏)

6.1.3.3　干线公路城市化改造断面

城市化地区的干线公路除具有一般干线公路的快速过境功能之外,还需要承担城市发展

组团之间的联系,为了将快速过境交通流和区域组团交通流分离,道路断面采用整体式和分离式两种主辅路道路断面形式,具体如下:

(1)整体式——主辅路的横断面设计

主线与辅路及两侧建筑地坪基本位于同一平面层次。过境交通在主线行驶,区域组团交通在辅路行驶,主线与辅路的进出通过主辅路之间侧分带的出入口实现。

根据主线与辅路位置关系不同,快速路的构造形式可分为地面式、路堤式和路堑式,如图 6-17 ~ 图 6-19 所示。

图 6-17 整体式——主辅路的横断面设计形式一(地面式)

图 6-18 整体式——主辅路的横断面设计形式二(路堤式)

图 6-19 整体式——主辅路的横断面设计形式三(路堑式)

其断面组成如下:

①干线公路承担大量过境交通,主线行车道采用双向六车道或双向八车道,并且中间由中央分隔带隔离。

②主线的一侧或者两侧均设置辅路,随着城市化进程的加快,区域组团交通比重的提高,辅路可采用双向四车道设计,主线和辅路采用侧分带隔离,主线和辅路的交通可以通过设置在侧分带的出入口实现。

③非机动车道和人行道布置在辅路两侧,和辅路一般以绿化带隔离,人行道外围是绿化地区。

优点:地面快速路由于结构构造物少,造价较为低廉,一般在0.5亿元/km(双向六车道规模)。由于其基本在现有道路上结合地形修建而成,道路高程与原有城市两侧地坪高程差别不大,易与周边景观结合,对环境和城市景观影响较小,对市政管线、轨道交通基本无影响。

缺点:占地较宽,所占路幅相较其他形式的快速路宽7~10m。最大的不足在于会对沿线横向道路造成横向隔断的影响,道路两侧的居民出行不便。

适用范围:适用于规划红线较宽、横向交叉道路间距较大的地区,新建城区用地比较富余或城市改造拆迁较少的路段。不宜设置在城市中心区域,否则会影响城市人气积聚,造成地块分隔现象严重。

(2)分离式——高架(隧道)与地面结合的横断面设计

城市化地区干线公路的横断面设计也可以采用错层分离式断面,即供快速过境交通行驶的主线采用高架路或隧道,与所有相交道路均构成立体交叉的断面形式,辅路为桥下或隧道上方的地面道路,即区域组团交通中的机动车、非机动车、行人以及公交车等交通对象均在桥下或隧道上方的地面道路上行驶。

①高架式

高架式是指在地面以上修建高架桥,桥上空间作为主线,高架桥下方或两侧修建辅路,上下通过匝道桥连接。根据高架断面的不同,可以分为整体式高架和分离式高架,如图6-20、图6-21所示。

图6-20 分离式——高架与地面结合的横断面设计(整体式高架)

图6-21 分离式——高架与地面结合的横断面设计(分离式高架)

优点:占地少,一般道路红线在50m左右(有匝道段会略宽)。地面辅路系统可以集散沿线交通,通过设置的高架匝道进出快速系统。原有横向道路与辅路通过信号灯平交,交通组织较为方便简单。因此,其交通功能不仅仅服务于"线",还可以服务于"面"。

缺点:造价高,一般在 1.5 亿元/km(双向六车道规模)。对高架桥沿线建筑的噪声污染和汽车尾气污染较大,对城市景观有一定的破坏。高架桥建设时,对原有市政管线影响很大,还要处理好与轨道交通(地铁)之间的相互关系。

适用范围:往往修建在道路经过区域红线较窄、拆迁困难、横向沟通较密集的地区,或在跨越河道、铁路时采用。

②隧道式

隧道式是指快速系统设置在地面以下,辅路系统位于地面的一种改造形式,如图 6-22 所示。

图 6-22　分离式——隧道与地面结合的横断面设计

优点:将快速系统放置在地面以下,占地少,通行能力大。采取适当的通风和除尘措施后,噪声和废气等对道路两侧基本没有影响,与周边景观融合度较好,对城市功能的影响较小。

缺点:造价最高,一般在 3 亿~4 亿元/km(双向六车道规模);与其他道路的衔接困难;对原有管线、轨道交通影响较大;紧急情况(如火灾、车辆抛锚等)下,救援不易,安全性不理想,运行风险大,维护成本高。

适用范围:大城市主城区内,车流量很大,而道路红线较窄,拆迁困难或对景观、环境要求较高的段落可考虑此形式。

6.2　平面设计

6.2.1　设计指标选用面临的问题

(1)问题一:规范体系的选择

干线公路初期建设时主要承担的是公路功能,设计采用的是公路设计体系和标准,交通对象是快速过境的货车和客车,很少有行人和非机动车。随着城市化进程的不断推进,干线公路两侧出现了越来越多的工厂、居民小区,道路沿线非机动车和行人出行活动不断增加,行人和非机动车的出行叠加到干线公路上,致使干线公路上出现了多种交通对象,具有过境与区域交通结合、快速与慢速交通混行的特征,道路性质逐渐转变为城市道路。因此,干线公路城市化改造过程中不可避免地面临公路设计体系和标准以及城市道路设计体系和标准两套体系和标准的选用问题。

公路和城市道路两套设计体系和标准在具体的设计指标上存在差异。例如,针对相同的设计速度80km/h,公路设计体系和标准要求的最大纵坡为5%,而城市道路设计体系和标准要求的最大纵坡一般值为4%;又如,城市道路设计体系和标准计算不设超高最小圆曲线半径时,横向力系数μ的取值为0.067,而公路设计体系和标准采用的横向力系数μ值相对较小,不设超高的圆曲线最小半径按0.040取用。在干线公路改造过程中,为了兼顾公路功能及城市道路功能,同时为了控制工程造价并减少拆迁,在设计指标选用上标准模糊,致使城市道路设计指标与公路设计指标使用混乱。

目前,干线公路城市化改造过程中具体选用哪一套指标体系没有严格的界限。需根据干线公路城市化改造后的功能定位,区分对待道路的公路功能及城市道路功能,根据道路的不同段落和不同功能定位,采用相应的技术标准进行设计。

(2) 问题二:指标的合理选用

干线公路快速化改造需考虑的因素较多,如现状老路的影响,以及城市化改造过程中部分节点需进行上跨或下穿改造,还有互通节点的设计,选用不同的设计指标,会引起行车安全、景观、工程规模、造价等方面的差异。因此,如何选用合理的设计指标就显得十分重要。具体工程实践中,干线公路城市化改造需结合地形、地物和地质条件,综合考虑道路功能定位、老路现状、工程规模、行车安全和道路景观要求,因地制宜,合理运用技术指标,力求使线形平顺、流畅、连续,尽可能采用较高的技术指标。

6.2.2 设计指标选用的影响因素

(1) 道路功能定位

道路功能定位决定了道路断面形式和交通组织方式,同时对道路两侧用地性质及建筑布置提出了不同要求。道路功能定位确定后,道路改造的具体设计指标也就相对有了依据。因此,准确地定位道路功能是道路改造建设的首要任务。干线公路城市化改造需将道路置于整个城市或区域路网中综合分析,分析干线公路城市化改造不同段落(是公路还是城市道路,是城市中心段、城市郊区段还是市域乡镇段等)的交通功能、空间功能、环境功能,从而得出干线公路城市化改造不同段落的准确功能定位,为具体设计指标的选取提供依据。

(2) 老路利用情况

干线公路城市化改造是在干线公路老路的基础上进行改造,改造过程中老路已有线形的利用必然对改造设计指标的选用产生重大影响。在满足安全运营的前提下,为合理控制投资,干线公路城市化改造需对老路平纵指标、最小纵坡、最小圆曲线半径、超高等,是全部利用老路还是部分利用再优化等进行全面考虑,在设计速度确定的前提下,综合考虑工程造价、行车安全、平纵组合等方面合理确定,使老路利用更加合理,改造后构成流畅的平面线形。干线公路城市化改造应该针对老路制订切实可行的设计方案,综合考虑各项技术指标,把线形的组合、纵断面、横断面及视距等各项技术指标结合起来进行道路改造设计。

(3)行车安全性

安全是道路改造设计要确保的首要任务。在进行道路改造设计时,各项技术指标都要达到安全要求,尽量减少因客观因素导致的安全隐患。

干线公路城市化改造,一方面由于公路改为城市道路,另一方面由于增加了行人和非机动车出行,原先设计中采用的公路设计指标(如平曲线半径、最大纵坡、合成坡度、超高加宽、出入口间距、加减速车道长度等)变得不尽合理。所以,在进行道路改造设计时,需综合各种技术指标,力保道路设计的安全指标达到最优状态,确保道路使用者的安全,减少因道路改造设计不合理导致的使用者损失。

(4)工程规模

干线公路城市化改造采用不同的设计指标将直接影响工程规模的大小。采用高设计指标,通行能力高,工程规模和工程投资必然也相对较大;采用相对低的设计指标,工程规模减小,通行能力和投资相对较低,安全性也相对降低。干线公路城市化改造应在保证实现道路改造交通功能及安全性的前提下,选用合理的设计指标,控制工程建设规模和投资。

6.2.3 设计指标的选用原则

(1)功能优先,综合最优

干线公路城市化改造设计指标的选用应以保证道路改造交通功能的实现为优先,同时需综合考虑工程规模、老路利用、交通安全、道路景观、技术经济合理等各方面的因素,使干线公路道路改造各方面功能综合最优化。

(2)因地制宜,在保障功能、安全的前提下可灵活选用,降低改造规模

干线公路城市化改造是在老路的基础上进行。随着城市化进程的加速,原来干线公路沿线工厂、商业中心、住宅小区等控制因素不断增多,干线公路的城市化改造受到现状沿线土地性质的影响较大,在工程设计时,在满足功能、安全的前提下,因地制宜,在部分老路路段或受限制区域,对具体设计指标的选取需灵活,以减小工程改造规模,降低工程改造难度。

(3)老路利用段可适当降低指标

干线公路城市化改造过程中,在进行平面线形设计时,尽可能结合老路情况,拟合老路,利用老路,不片面追求高指标。道路城市化改造后,如果道路等级有一定程度的提高,设计速度也相应提高,继而纵断面线形标准相应提高。若要求纵断面的竖曲线半径、坡长等指标满足相应设计标准,会导致全线大多数老路拆除重建,道路和桥梁的利用率也会大大降低。因此,对于干线公路城市化改造项目,可适当降低设计指标,对设计指标降低段逐点进行分析、论证,对项目安全性进行评价,在造价增加不多的情况下,尽可能采用较高的指标,这样可降低工程施工难度,节约工程时间,进而节省工程造价。

6.2.4 平面设计

干线公路城市化改造的平面设计指标主要有直线、圆曲线、缓和曲线、超高、加宽等。合理布置平面线形设计的基本要素以及线形组合是平面设计的主要任务。

6.2.4.1 直线

干线公路城市化改造的基础是干线公路老的平面线形,改线公路城市化改造应尽量拟合、利用老路。如干线公路改造后等级提高,局部段落需进行线路调整,则调整段直线长度需满足下述要求:

(1) 当设计速度≥60km/h 时,两圆曲线之间的直线长度不宜过短。

①同向曲线间直线长度(以 m 计)以不小于行车速度(以 km/h 计)的 6 倍为宜;

②反向曲线间直线长度(以 m 计)以不小于行车速度(以 km/h 计)的 2 倍为宜。

(2) 当设计速度<60km/h,地形较困难时,直线长度可不受上述限制,但应满足设置缓和曲线最小长度的要求。

6.2.4.2 圆曲线

(1) 圆曲线半径的影响因素

根据汽车行驶在曲线上力的平衡式得到式(6-1):

$$R = \frac{v^2}{127(i+\mu)} \tag{6-1}$$

式中:R——圆曲线半径(m);

v——汽车运行速度(km/h);

μ——横向力系数;

i——超高横坡度,为代数值,正超高为正,反超高为负。

由上式可知,影响道路圆曲线最小半径的因素有汽车运行速度 v、横向力系数 μ 和超高横坡度 i。

(2) 相关规范对圆曲线半径的规定

在运行速度一定的情况下,根据不同的横向力系数和超高横坡度,圆曲线半径分为不设超高的圆曲线半径、设超高的圆曲线半径(一般值和极限值)以及不设缓和曲线的圆曲线半径。另外,为保证道路线形的连续性与车辆行驶的安全性,部分规范对圆曲线的最小长度也做了相关规定,见表6-5。

相关规范对圆曲线的规定　　　　表 6-5

	设计速度(km/h)		100	80	60
公路设计体系	圆曲线最小半径(m)	一般值	700	400	200
		极限值	360	220	115
	不设超高(缓和曲线)的圆曲线最小半径(m)	路拱≤2%	4000	2500	1500
		路拱>2%	5250	3350	1900

续上表

城市道路设计体系	设计速度(km/h)		100	80	60
	不设超高的圆曲线最小半径(m)		1600	1000	600
	设超高的圆曲线最小半径(m)	一般值	650	400	300
		极限值	400	250	150
	圆曲线最小长度(m)		85	70	50
	不设缓和曲线的圆曲线最小半径(m)		3000	2000	1000

从表中可以看出,公路设计体系和城市道路设计体系在圆曲线最小半径、不设超高(缓和曲线)的圆曲线最小半径、不设缓和曲线的圆曲线最小半径等方面均存在差异,公路设计指标一般大于城市道路设计指标。

我国公路设计体系因为运行速度较高,且只考虑机动车出行,因此采用的 μ 值较小,不设超高的圆曲线最小半径 μ 按 $0.035 \sim 0.040$ 取用,计算出的不设超高的圆曲线最小半径值较大。以设计速度80km/h为例,横坡度 $i \leqslant 2\%$ 时,不设超高的圆曲线最小半径为2500m,这样小于2500m的半径均需设超高。在城市道路建成区,两侧建筑多已形成,如设超高,与两侧建筑物高程不好配合且影响景观效果,因此,城市地区可适当降低标准。结合我国城市道路大型客货车较多、车道机非混行、交叉口多的特点,μ 值可适当加大,城市道路不设超高的经验数值 $\mu = 0.067$,虽然比公路的0.040大些,但乘客舒适感差别不大。为减小超高,取相对较大些的 μ 值是合适的。

(3)干线公路城市化改造设计圆曲线半径取值

干线公路城市化改造是城市化进程中干线公路功能转变为城市道路的产物,改造后的道路更多承担的是城市道路的功能。城市道路相比公路,运行速度相对要低,交通参与要素更加多元化,且城市道路两侧横向沟通的需求更强烈,因此,干线公路城市化改造过程中圆曲线半径取值可分为以下两种情况:

①完全利用老路平面线形段。因老路设计是按照公路设计体系进行的,其在改造后设计速度没有提高的情况下,设计指标相对同等速度的城市道路设计指标是高的,同时考虑老路的利用,此时可完全利用老路的圆曲线线形。

②老路线形调整优化段。干线公路城市化改造过程中,路线经常受控制因素影响,局部段落需调整或优化平面线形,此时考虑干线公路城市化改造后的道路特性和工程规模,建议适当降低设计指标,采用城市道路设计指标。

6.2.4.3 缓和曲线

(1)干线公路缓和曲线设置考虑因素

缓和曲线最小长度的确定中应从以下四方面考虑:

①旅客舒适感

汽车在缓和曲线上行驶,其离心加速度随缓和曲线曲率的变化而变化,如果过快,将会使乘客感受到横向的冲击。因此,要控制离心加速度,使其保持在一个乘客能接受的范围内。参照日本的经验,离心加速度的变化率 a_s 取值一般宜控制在 $0.5 \sim 0.6 \text{m/s}^3$ 范围内,则缓和曲线长度按式(6-2)计算。

由于

$$L_s = \frac{v^3}{R\alpha_s} \quad (6-2)$$

若以 $v(\text{km/h})$ 表示设计速度,则缓和曲线最小长度按式(6-3)计算。

$$L_{s(\min)} = 0.0214 \frac{v^3}{R\alpha_s}(\text{m}) \quad (6-3)$$

②驾驶员操作及反应时间

缓和曲线不管其参数如何,都不可使车辆在其上的行驶时间过短。一般认为汽车在缓和曲线上的行驶时间应至少有3s,于是缓和曲线最小长度按式(6-4)计算。

$$L_{s(\min)} = \frac{v}{1.2}(\text{m}) \quad (6-4)$$

式中:v——设计速度(km/h)。

③超高渐变率

在缓和曲线上设置有超高过渡段,如果过渡段过短,会因路面急剧地由双坡变为单坡而形成一种扭曲的面,对行车、排水不利。因此,《公路路线设计规范》(JTG D20—2017)要求,缓和曲线最小长度按式(6-5)计算。

$$L_{s(\min)} = \frac{B\Delta i}{p}(\text{m}) \quad (6-5)$$

式中:B——超高旋转轴至行车道(设路缘带时为路缘带)外侧边缘的宽度(m);

Δi——超高坡度与路拱坡度代数差(%);

p——超高渐变率。

④视觉条件

根据德国的经验,从视觉连续性角度考虑,缓和曲线最小长度应满足式(6-6)。

$$L_{s(\min)} = \frac{R_s}{9} \quad (6-6)$$

式中,$R_s = 0.75v$,v 为设计速度(km/h)。

在干线公路城市化改造设计中,需根据实际情况,如设计速度、实际采用的圆曲线半径、预计采用的超高渐变率等,分别分析以上限制因素要求的缓和曲线的最小值,并把以上四项中的最大值作为其最小长度。干线公路城市化改造设计时,乘客舒适感方面要求的缓和曲线最小长度远小于超高渐变率要求的最小长度,可以不予考虑。

(2)相关规范对缓和曲线的规定

公路设计体系和城市道路设计体系对缓和曲线最小长度的规定一致,见表6-6。

规范对缓和曲线最小长度的规定　　　　表6-6

设计速度(km/h)	100	80	60
缓和曲线的最小长度(m)	85	70	50

(3)干线公路城市化改造设计缓和曲线取值

干线公路城市化改造设置缓和曲线,应使其能够起到缓和离心力突变、完成超高加宽渐变和便于驾驶员操作等作用,并使干线公路平曲线线形顺畅、美观。干线公路城市化改造设计缓和曲线取值建议统一按照《城市道路路线设计规范》(CJJ 193—2012)执行,干线公路城市快速化改造项目需同时参照《城市快速路设计规程》(CJJ 129—2009)的相关规定。

6.2.4.4 超高

(1)相关规范对超高横坡度的规定

当圆曲线半径小于不设超高的最小半径时,在圆曲线范围内应设超高,超高的横坡度应根据设计速度、圆曲线半径、路面类型、自然条件和车辆组成等情况确定。最大超高横坡度规定见表6-7。

规范对超高横坡度的规定　　　　　　　　　表6-7

公路设计体系	设计速度(km/h)	100、80、60	
	一般地区最大超高横坡度(%)	8 或 10	
	积雪冰冻地区最大超高横坡度(%)	6	
城市道路设计体系	设计速度(km/h)	100、80	60
	最大超高横坡度(%)	6	4

从上表可以看出,公路设计体系的最大超高横坡度较城市道路设计体系大。超高的设置是为了抵消车辆在曲线路段上行驶时所产生的离心力,使汽车能安全、稳定、经济、舒适地通过圆曲线。但过大的超高往往会引起车辆的横向滑移。城市道路由于交叉口、非机动车以及街坊两侧建筑的影响,行驶速度相对较低,不宜设置过大的超高横坡度。

(2)干线公路城市化改造设计最大超高横坡度取值

干线公路的城市化改造是城市化改造设计,综合各方面的情况,建议道路新建段最大超高横坡度如下:设计速度100km/h、80km/h时为6%,设计速度60km/h时为4%;老路利用段现有超高可保留。

6.2.4.5 加宽

(1)相关规范对加宽的规定

①公路设计体系对加宽的规定如下:当圆曲线半径≤250m时,应在圆曲线范围内设加宽。双车道路面加宽值应符合表6-8的规定。

公路规范对双车道路面加宽值的规定(m)　　　　　　　　　表6-8

加宽类别	设计车辆	圆曲线半径(m)								
		250~200	200~150	150~100	100~70	70~50	50~30	30~25	25~20	20~15
1	小客车	0.4	0.5	0.6	0.7	0.9	1.3	1.5	1.8	2.2
2	载重汽车	0.6	0.7	0.9	1.2	1.5	2.0	—	—	—
3	铰接列车	0.8	1.0	1.5	2.0	2.7	—	—	—	—

②城市道路设计体系对加宽的规定如下:当圆曲线半径≤250m时,应在圆曲线范围内设加宽。每条车道的加宽值应符合表6-9的规定。

城市道路规范对加宽值的规定(m)　　　　　　　　　表6-9

加宽情形	加宽类型	汽车轴距加前悬(m)	车型	圆曲线半径R(m)							
				200<R≤250	150<R≤200	100<R≤150	80<R≤100	70<R≤80	50<R≤70	40<R≤50	30<R≤40
A	1	3.8+0.8	小客车	0.3	0.3	0.35	0.4	0.4	0.45	0.5	0.6
	2	6.5+1.5	大型车	0.4	0.45	0.6	0.65	0.7	0.9	1.05	1.3
	3	5.8+6.7+1.7	铰接车	0.45	0.6	0.75	0.9	0.95	1.25	1.50	1.9
B	1	3.7	小轿车	0.28	0.3	0.32	—	—	—	—	—
	2	4.7	小型客(货)车	0.3	0.32	0.36	—	—	—	—	—
	3	8.5	大型客(货)车	0.4	0.5	0.6	—	—	—	—	—
	4	7.5+7	铰接客车	0.46	0.6	0.8	—	—	—	—	—

注:A为《城市道路路线设计规范》(CJJ 193—2012),B为《城市快速路设计规程》(CJJ 129—2009)。

从上表可以看出,公路设计体系的加宽值较城市道路设计体系大,但公路规范规定值为双车道路面总的加宽值,而城市道路规范规定值为每条车道的加宽值。如对比每条车道的加宽值,则城市道路体系加宽值要大于公路体系。加宽的设置是为了保证汽车在曲线上行驶时不侵占相邻车道。每条车道的加宽值是根据指定的车辆类型、汽车在圆曲线上行驶的相对位置关系以及不同车速下汽车摆动偏移所需加宽值计算得到的。

(2)干线公路城市化改造设计加宽取值

干线公路的城市化改造是城市化设计,综合各方面的情况,干线公路城市化改造设计加宽值建议统一按照《城市道路路线设计规范》(CJJ 193—2012)执行,干线公路城市快速化改造项目需同时参照《城市快速路设计规程》(CJJ 129—2009)的相关规定。

6.2.4.6　平面设计的其他控制指标

干线公路城市化改造除上述指标外,还有视距等方面的规定。干线公路城市化改造是将干线公路改造为考虑人非通行的具有城市功能的道路,改造后道路需要满足公路和城市道路视距要求。因此,视距应符合表6-10的规定。

干线公路城市化改造对视距的规定　　　　　　　　　表6-10

设计速度(km/h)	100	80	60
最小停车视距(m)	160	110	75

6.3 纵断面设计

6.3.1 纵断面设计要求

干线公路城市化改造纵断面设计应遵循下列要求：

(1)纵断面设计应考虑道路沿线城市地块竖向控制高程。

(2)路线纵断面改造路段应选择合理、经济的指标，在满足功能的同时，尽量降低工程规模，防止造成浪费。

(3)路线平纵组合设计做到平面顺适、纵坡均衡，使平纵组合良好，保持线形连续性，满足汽车行驶安全及驾乘人员视觉和心理反应要求，并充分注意路线与自然景观相协调，减少对生态环境的影响。

(4)合理选择与沿线被交道路的上跨、下穿方式，在尽量不影响沿线居民出行的前提下，尽量降低工程规模。

(5)满足相关的净空要求。

(6)纵断面线形顺捷，指标运用得当。

(7)纵断面设计应综合考虑地上、地下构造物及管线、水文、地质条件。

(8)纵断面设计应考虑老路的纵断面，做到老路改造的工程规模合理。

6.3.2 纵坡坡度

(1)相关规范对纵坡坡度的规定

①相关规范对最大纵坡的规定见表6-11。

干线公路城市化改造对最大纵坡的规定　　　　表6-11

设计速度(km/h)		100	80	60
公路设计体系最大纵坡(%)		4	5	6
城市道路设计体系机动车道最大纵坡(%)	一般值	3	4	5
	极限值	4	5	6

②另外两套规范体系均规定：道路的纵坡不宜小于0.3%；在连续上坡或者下坡时，应在不大于规定纵坡坡长之间设置缓和坡段，缓和坡段的纵坡应不大于3%，并满足对最小坡长的规定。

(2)干线公路城市化改造设计最大纵坡取值

从上面规范的取值可以看出，针对干线公路城市化改造主线的三种设计速度，公路设计体系相比城市道路设计体系，在最大纵坡控制方面较严格，城市道路的最大纵坡极限值对应公路设计规范的取值。

干线公路城市化改造时,建议主线设计速度以《城市快速路设计规程》(CJJ 129—2009)作为依据,主线的最小纵坡不宜小于0.3%;最大纵坡对应不同的速度,建议取值为3%~5%,见表6-12。

干线公路城市化改造最大纵坡建议值　　　　　表6-12

设计速度(km/h)	100	80	60
干线公路城市化改造主线最大纵坡度推荐值(%)	3	4	5

6.3.3 纵坡坡长

(1)相关规范对纵坡坡长的规定
①道路纵坡的最小坡长规定见表6-13。

规范对最小坡长的规定　　　　　表6-13

设计速度(km/h)		100	80	60
最小坡长(m)	公路设计体系	250	200	150
	城市道路设计体系	250	200	150

②道路纵坡的最大坡长规定见表6-14。

规范对最大坡长的规定(m)　　　　　表6-14

设计速度(km/h)			100	80	60
纵坡坡度(%)	公路设计体系	3	1000	1100	1200
		4	800	900	1000
		5	600	700	800
		6	—	500	600
	城市道路设计体系	4	700	—	—
		5	—	600	—
		6	—	—	400
		6.5	—	—	350
		7	—	—	300

(2)干线公路城市化改造设计坡长取值
从上面规范的取值可以看出,城市道路设计体系相比公路设计体系,在最大坡长控制方面较严格,城市道路规范在相同坡度时对应的最大坡长均小于公路设计规范的取值。针对干线公路城市化改造主线的三种设计速度,最大坡长建议按照城市道路设计体系执行。

6.3.4 非机动车道纵坡坡度和坡长

干线公路城市化改造后,一个重要变化为交通参与成分多了非机动车道,非机动车道纵坡坡度宜小于2.5%,当大于或等于2.5%时,纵坡最大坡长应符合表6-15的规定。

非机动车道纵坡和坡长限制　　表6-15

设计速度(km/h)		3.5	3.0	2.5
最大纵坡（%）	自行车	150	200	300
	三轮车	—	100	150

6.3.5 竖曲线

（1）相关规范对竖曲线的规定

①公路设计体系对竖曲线的规定如下：公路纵坡变更处应设置竖曲线，竖曲线采用圆曲线，竖曲线最小半径与竖曲线长度应符合表6-16的规定。

公路规范对竖曲线的规定　　表6-16

设计速度(km/h)		100	80	60
凸形竖曲线最小半径（m）	一般值	1000	4500	2000
	极限值	6500	3000	1400
凹形竖曲线最小半径（m）	一般值	4500	3000	1500
	极限值	3000	2000	1000
竖曲线长度（m）	一般值	210	170	120
	极限值	85	70	50

②城市道路设计体系对竖曲线的规定见表6-17。

城市道路规范对竖曲线的规定　　表6-17

设计速度(km/h)		100	80	60
凸形竖曲线最小半径（m）	一般值	1000	4500	1800
	极限值	6500	3000	1200
凹形竖曲线最小半径（m）	一般值	4500	2700	1500
	极限值	3000	1800	1000
竖曲线长度（m）	一般值	210	170	120
	极限值	85	70	50

（2）干线公路城市化改造设计竖曲线取值

从表中可以看出，公路设计体系与城市道路设计体系相比，区别主要在于设计速度为80km/h时的凹形竖曲线最小半径的一般值与极限值；60km/h时的凸形竖曲线最小半径的一般值与极限值，城市道路设计规范要求相对较低。考虑行车速度及城市控制因素较多，停车视距要求相对较低，因此，干线公路城市化改造竖曲线取值建议参照城市道路设计体系执行。

6.3.6 合成坡度

干线公路城市化改造路线纵坡与弯道超高横坡度或路拱横坡度组合而成的合成坡度应小

于表 6-18 的规定。

干线公路城市化改造最大合成纵坡推荐值   表 6-18

设计速度(km/h)	100	80	60
合成坡度(%)	7.0	7.0	7.0

6.4 线形组合设计

（1）干线公路城市化改造线形组合设计应满足行车安全、舒适以及沿线环境、景观协调的要求，平面、纵断面线形应均衡，路面排水应畅通。

（2）线形组合设计应符合下列规定：

①使线形在视觉上能自然地诱导驾驶员的视线，并保持视觉的连续线。

②避免平面、纵断面、横断面极值的相互组合使用。

③平、纵断面线形相互对应，技术指标大小均衡连续，与相邻路段技术指标均衡、连续。

④条件受限选用达到或接近平面、纵断面最大、最小值的线形及其组合时，考虑前后地形、技术指标运用等对实际运行速度的影响。

⑤横坡与纵坡应组合得当，并应利于路面排水的行车安全。

（3）干线公路城市化改造工程实践中，对利用老路较困难的路段，在满足安全运营的前提下，为合理控制投资，对圆曲线最小半径、圆曲线和缓和曲线最小长度、最大纵坡、最小坡长、最大坡长、竖曲线最小半径和最小长度中的部分指标可采用降低一级设计速度的技术指标。如设计速度为 80km/h 时，可降到 60km/h 的指标进行控制，但需与相邻路段一起进行运行速度检验。如果与相邻路段预测的运行速度差大于 20km/h，则说明降低指标路段与相邻路段的连续性不好，必须进行线形调整（提高平纵面低指标或降低平纵面高指标）。

第 7 章 干线公路城市化改造交叉设计

7.1 平面交叉设计

7.1.1 平面交叉口分类

(1)平面交叉口按形状分为十字形交叉口、T 形交叉口、Y 形交叉口、X 形交叉口、多路交叉口、错位交叉口及环形交叉口;按交通组织方式可分为信号交叉口、无信号交叉口。

(2)平面信号交叉口按照交通组织方式细分如下:

①平 A 类:信号控制交叉口,包括平 A1 类——交通信号控制、进出口道展宽交叉口,平 A2 类——交通信号控制、进出口道不展宽交叉口。

②平 B 类:无信号控制交叉口,包括平 B1 类——干路中心隔离封闭、支路只准右转通行的交叉口(简称右转交叉口),平 B2 类——减速让行或停车让行标志管制交叉口(简称让行交叉口),平 B3 类——全无管制交叉口。

③平 C 类:环形交叉口。

(3)干线公路城市化改造平面交叉口选型应符合表 7-1 的规定。

干线公路城市化改造平面交叉口选型　　　　表 7-1

被交道类别	选　　型	
	推荐形式	可选形式
主干路	平 A1 类	—
次干路	平 A1 类	—
支路	平 B1 类	平 A1 类

7.1.2 平面交叉口渠化

(1)平交口渠化原则

交叉口是道路网的联结点,是城市交通的咽喉,其设计对道路交通功能的发挥是十分重要的。由于交叉口通行能力小于路段通行能力,为了满足交通需要,提高通行能力,在可能的情况下,应进行渠化,以增加主线及横向道路交叉口通行能力。干线公路城市化改造过程中,在进行平面交叉口设计时,遵循以下设计原则:

①交叉口根据现状道路网,结合道路网规划确定。

②与主干路、次干路相交,用信号灯控制。通过分析交叉口流量,设置合适的绿信比,保证一定的服务水平。

③与支路相交,原则上只允许右转进出,对于个别重要的交通性支路,可设置灯控平面交叉口。

④交叉口内的设计速度根据地面道路和被交路计算行车速度的0.5~0.7倍计算,直行车辆取大值,转弯车辆取小值。单左转车道设计速度不大于15km/h,右转车道设计速度不大于30km/h。

⑤在布设上、下匝道的交叉口,以匝道与地面交通分离为原则。在下匝道段,在匝道外侧专辟右转车道,以避免匝道入地车辆与地面右转车流产生交织;同时,设置匝道专用左转车道,避免与地面直行车流产生交织。

(2)交叉口渠化方法

次干路以上的横向道路,根据流量分析,结合规划与现状,适当进行交叉口渠化。交叉口渠化根据是否设置渠化岛可分为以下两个方案:

①方案一:渠化岛方案。

交叉口设置渠化岛,设置专用右转车道。专用右转车道半径较大,不受信号灯控制。在非机动车流量不大的情况下,右转车辆的行驶车速较高。但是,在非机动车流量较大时,右转车辆与直行非机动车存在交织(或冲突),不受信号灯控制,存在一定的安全隐患。

②方案二:无渠化岛方案。

交叉口不设置渠化岛,设置右转进口车道,右转车道受信号灯控制,在标准交叉口范围内通过,右转通行能力稍差,但机非分行,有利于交通安全。右转车辆的行驶可以设较短时间的红灯,确保行人和非机动车安全通过。

7.1.3 平面交叉口间距

平面交叉口间距应根据城市规模、路网规划、道路等级、设计速度、设计交通量及高峰期间最大阻车长度等确定,满足进出口道总长度要求,且不宜小于150m。

7.1.4 平面交叉口路缘石转弯半径

平面交叉口转角处路缘石宜为圆曲线或复曲线,其转弯半径应满足机动车和非机动车行驶要求,见表7-2。当平面交叉口为非机动车专用路交叉口时,路缘石转弯半径可取5~10m。

干线公路城市化改造平面交叉口转弯半径 表7-2

右转弯设计速度(km/h)	30	25	20	15
路缘石推荐转弯半径(m)	25	20	15	10

7.1.5 平面交叉口竖向设计

干线公路城市化改造交叉口的竖向设计,应以次要道路服从主要道路为原则。若有需要,在不影响主要道路行车舒适性的前提下,可适当调整主要道路纵坡,兼顾次要道路的行车舒适性。

(1) 交叉口设计范围内的纵坡宜小于或等于 2.5%,困难情况下宜小于或等于 3.0%。山区城市等特殊情况,在保证安全的条件下可适当增大。

(2) 交叉口范围内的设计横坡宜为 1.0% ~ 2.0%。山区城市等特殊情况,横坡可适当加大。

(3) 交叉口竖向设计高程应与周围建筑物的地坪高程相协调。

(4) 交叉口雨水口设置及偏沟设计必须满足排水要求。交叉口人行横道上游、交叉口低洼处应设置雨水口,不得积水。

7.2 立体交叉设计

7.2.1 立体交叉分类

城市道路立体交叉分为以下三类:

(1) 立 A 类:枢纽立交,包括立 A1 类——主要形式为全定向、喇叭形、组合式全互通立交,立 A2 类——主要形式为喇叭形、苜蓿叶形、半定向、组合式全互通立交。

(2) 立 B 类:一般立交,主要形式为喇叭形、苜蓿叶形、环形、菱形、迂回式、组合式全互通或半互通立交。

(3) 立 C 类:分离式立交。

7.2.2 立体交叉间距

城市道路设计体系规定相邻互通式立体交叉的距离应满足表 7-3 的要求。

干线公路城市化改造立体交叉口间距　　　　表 7-3

互通式立体交叉相邻类型	最小间距(km)	
	市区	郊区
一般互通式立体交叉与一般互通式立体交叉相邻	1.8(1.5)	3.3
一般互通式立体交叉与枢纽型立体交叉相邻	2.4	3.9
枢纽型立体交叉与枢纽型立体交叉相邻	3	4.5

注:表中括号内数值为最小控制值。

干线公路城市改造设计过程中,当立交间距小于上述规定值且经论证必须设置时,应将两者合并为组合式互通式立体交叉,并设置集散车道。

7.2.3 立体交叉选型

(1)干线公路城市化改造立体交叉选型原则

根据交叉道路在路网中的功能和定位,确定互通的类型和级别。

保持交通功能与建设规模的协调统一,以求节约工程造价。

车辆行驶线路合理,匝道与主线的连接、分流与合流的布置要符合安全和舒适的行车条件,匝道出入主线方式宜以右进右出形式布置。

在满足交通功能的前提下,尽可能控制互通规模,减少用地,结合地形地物合理布置互通。

互通总体布置协调、流畅,桥梁结构简洁、美观,以符合城市的景观需求,使互通建成后成为区域的城市新景观。

互通总体布置应充分结合已建道路、桥梁结构、地下管线、高压线等重要设施,力求减少废弃工程量,从而降低工程投资。

应充分考虑非机动车和行人的交通需求,体现"以人为本"的理念。

互通设计应做好近远期结合,避免远期互通实施的废弃工程量。

(2)立体交叉选型

干线公路城市化改造立体交叉选型应根据交叉口在路网中的地位、作用、相交道路的等级,结合交通需求和控制条件确定,并应符合表7-4的规定。

干线公路城市化改造立体交叉选型　　　表7-4

立体交叉类型	选型	
	推荐形式	可选形式
干线公路与快速路	立A1类	—
干线公路与主干路	立B类	立A2类、立C类
干线公路与次干路	立C类	立B类
干线公路与支路	—	立C类

7.2.4 立体交叉主线设计

(1)城市道路设计体系要求:立交主线平面线形技术指标不应低于路段标准,并具有良好的通视条件。

(2)公路设计体系要求:立交范围内主线设计标准高于路段设计标准,其主线线形指标应符合表7-5的规定。一般情况下,圆曲线及竖曲线最小半径应大于或等于表列一般值,最大纵坡应小于或等于表列一般值,当受地形条件或其他特殊情况限制时,方可采用表中极限值。

干线公路立体交叉主线线形指标　　　　　　　　　表7-5

设计速度(km/h)		100	80	60
圆曲线最小半径(m)	一般值	1500	1100	500
	极限值	1000	700	350
竖曲线最小半径(m)	凸形 一般值	25000	12000	6000
	凸形 极限值	15000(17000)	6000(8000)	3000(4000)
	凹形 一般值	12000	8000	4000
	凹形 极限值	8000	4000	2000
最大纵坡(%)	一般值	2	3	4.5(4.0)
	极限值	3	4	5(4.5)

注：1. 在分流鼻端前识别视距控制路段，主线凸形竖曲线最小半径取表中括号值。
　　2. 当互通式立体交叉位于主线连续长大下坡段底部时，减速车道下坡段最大纵坡取表中括号值。

公路设计体系要求较高，在城市化地区往往较难达到或需付出较大代价，建议干线公路城市化改造项目在有条件按上述指标控制时，按表7-5执行；如受条件限制执行困难，经论证可适当降低标准，按城市道路立交要求进行控制。

(3)立体交叉范围内，主线分流之前应保证判断出入口所需的识别视距，识别视距应大于表7-6的规定。受地形、地质等条件限制路段，识别视距可采用1.25倍停车视距，但应进行必要的限速控制并采取管理措施。

干线公路城市化改造立体交叉主线识别视距　　　　表7-6

设计速度(km/h)	100	80	60	50	40
识别视距(m)	290~380	230~300	170~240	140~190	120~170

7.2.5 立体交叉匝道设计

(1)立体交叉匝道设计速度应符合表7-7的规定。

干线公路城市化改造立体交叉匝道设计速度　　　　表7-7

匝道形式		全定向	半定向	苜蓿叶形
匝道设计速度(km/h)	枢纽互通式立体交叉	40、50、60、70	40、50、60	30、40
	一般互通式立体交叉	40、50、60	40、50	30、40

(2)匝道全长范围内应具有不小于表7-8规定的停车视距。

干线公路城市化改造匝道停车视距　　　　表7-8

匝道设计速度(km/h)	70	60	50	40	35	30	25
停车视距(m)	90	70	55	40	35	30	25

(3)平面设计。
①圆曲线最小半径应符合表7-9的规定。

干线公路城市化改造匝道圆曲线半径取值　　　　　　　　　　　　　　表7-9

匝道设计速度(km/h)			70	60	50	40	35	30	25
圆曲线最小半径（m）	一般地区	不设超高 i	300	200	130	80	60	45	30
		$i=0.02$	230	160	105	65	50	35	25
		$i=0.04$	205	145	95	60	45	35	25
		$i=0.06$	185	130	90	55	40	30	25
	积雪冰冻地区		—	240	150	90	70	50	35

②缓和曲线最小长度应符合表7-10的规定。

干线公路城市化改造匝道缓和曲线最小长度取值　　　　　　　　　表7-10

匝道设计速度(km/h)	70	60	50	40	35	30	25
缓和曲线最小长度(m)	70	60	50	45	40	35	25

③在分流鼻端，匝道平曲线的最小曲率半径应符合表7-11的规定。

干线公路城市化改造匝道分流鼻端平曲线最小曲率半径与回旋线参数　　表7-11

主线设计速度(km/h)		100	80	60
分流点的行驶速度(km/h)		55	50	≤40
最小曲率半径(m)		120	100	70
回旋线参数 A（m）	一般值	60	50	35
	极限值	55	45	30

（4）纵断面设计。

①根据城市道路设计体系，匝道的最大纵坡建议值见表7-12。

干线公路城市化改造匝道最大纵坡建议值　　　　　　　　　　　　表7-12

匝道设计速度(km/h)			≥60	50	≤40
最大纵坡（%）	出口匝道	上坡	4.5	5.0	5.5
		下坡	4.0	4.5	5.0
	进口匝道	上坡	4.0	4.5	5.2
		下坡	4.5	4.8	5.5

干线公路城市化改造设计中，考虑工程规模、控制因素、道路景观、行车安全、行车舒适性等因素，互通区匝道最大纵坡一般宜小于或等于5%；菱形互通上、下匝道，上匝道最大纵坡宜小于或等于5.5%，下匝道宜小于或等于5%。

②匝道纵坡段最小长度、竖曲线最小半径和竖曲线长度应符合表7-13的规定。

干线公路城市化改造匝道竖曲线最小半径、最小坡长、竖曲线长度取值　　表7-13

匝道设计速度(km/h)			70	60	50	40	35	30	25
竖曲线最小半径（m）	凸形	一般值	3000	1800	1200	600	450	400	250
		极限值	2000	1200	800	400	300	250	150
	凹形	一般值	2025	1500	1050	675	525	375	255
		极限值	1350	1000	700	450	350	250	170

续上表

匝道设计速度(km/h)		70	60	50	40	35	30	25
最小坡长(m)		175	150	140	110	100	85	70
竖曲线长度(m)	一般值	90	75	60	50	45	40	30
	极限值	60	50	40	35	30	25	20

③匝道与主线相连接部位,其纵断面线形应连续,避免突变。

④出口匝道宜为上坡匝道,入口匝道宜为下坡匝道;上坡加速或下坡减速匝道应采用较缓的纵坡,避免采用最大纵坡。

(5)横断面设计。

匝道横断面各组成部分的尺寸规定见表7-14。

干线公路城市化改造匝道横断面组成   表7-14

匝道设计速度(km/h)		70	60	50	≤40
车道宽度(m)		3.75	3.5	3.5	3.5
路缘带宽度(m)		0.5	0.5	0.5	0.5
左侧硬路肩(含路缘带)宽度(m)		1.0	1.0	1.0	1.0
右侧硬路肩(含路缘带)宽度(m)	可紧急停车一般值	3.0	3.0	3.0	3.0
	可紧急停车极限值	1.5(2.0)	1.5(2.0)	1.5(2.0)	1.5(2.0)
	不设紧急停车功能	1.0	1.0	1.0	1.0
土路肩宽度(m)	一般值	0.75	0.75	0.75	0.75
	极限值(不设护栏)	0.5	0.5	0.5	0.5
中央分隔带宽度(m)		≥1.0			

注:1. 表中括号值为对向分隔式双车道匝道取值。
 2. 当单向双车道匝道设供紧急停车用的右侧硬路肩时,左侧硬路肩(含路缘带)宽度可采用0.75m。

干线公路城市化改造过程中,互通区常用匝道主要有以下三类:

①单车道匝道。

单车道匝道标准横断面宽8.5m,以匝道桥为例,具体为:0.5m防撞护栏+1.0m左侧路缘带+3.5m行车道+3.0m右侧路缘带+0.5m防撞护栏。

②双车道匝道(不设紧急停车功能)。

双车道匝道标准横断面宽10.0m,以匝道桥为例,具体为:0.5m防撞护栏+1.0m左侧路缘带+7.0m行车道+1.0m右侧路缘带+0.5m防撞护栏。

③双车道匝道(设紧急停车功能)。

双车道匝道标准横断面宽11.75m,以匝道桥为例,具体为:0.5m防撞护栏+0.75m左侧路缘带+7.0m行车道+3.0m右侧路缘带+0.5m防撞护栏。

(6)匝道加宽。

匝道圆曲线半径小于或等于250m时,应在圆曲线弯道处设置加宽,具体加宽值应符合表7-15的规定。圆曲线加宽缓和段长度应采用与回旋线或超高缓和段长度相同的数值;不设回旋线或超高缓和段时,加宽缓和段长度应按渐变率 1:15～1:30 计算,且按长度大于或等于 10m 的要求设置。

匝道在圆曲线处每条车道的加宽值(m)　　　表 7-15

车　型	圆曲线半径 R(m)								
	200<R≤250	150<R≤200	100<R≤150	60<R≤100	50<R≤60	40<R≤50	30<R≤40	20<R≤30	15<R≤20
小客车	0.28	0.3	0.32	0.35	0.39	0.40	0.45	0.60	0.70
大型车	0.4	0.45	0.60	0.70	0.9	1.00	1.30	1.80	2.40
铰接车	0.45	0.55	0.75	0.95	1.25	1.50	1.90	2.80	3.50

(7)匝道超高。

①匝道上圆曲线不设超高的最小半径见表 7-16,不设缓和曲线的匝道圆曲线极限半径与不设超高的匝道圆曲线最小半径相同。

干线公路城市化改造匝道不设超高的圆曲线最小半径取值　　　表 7-16

匝道设计速度(km/h)	70	60	50	40	35	30	25
不设超高圆曲线最小半径(m)	300	200	130	80	60	45	30

②匝道上圆曲线最大超高宜小于或等于 5%,具体建议值见表 7-17。

干线公路城市化改造匝道最大超高建议值　　　表 7-17

匝道设计速度(km/h)	70	60	50	40	35	≤30
最大超高(%)	6	5	5	4	3	3

③超高渐变率的规定见表 7-18。

干线公路城市化改造匝道超高渐变率取值　　　表 7-18

匝道设计速度(km/h)	路缘带外边线	行车道中心线
70	1/135	1/185
60	1/125	1/175
50	1/115	1/160
40	1/100	1/150
35	1/85	1/135
30	1/75	1/125
25	1/60	1/115

为了减小道路横坡处于水平状态时路面排水不畅的影响,超高渐变率不应过小,最小超高渐变率应符合表 7-19 的规定。

干线公路城市化改造匝道最小超高渐变率取值　　　表 7-19

旋转轴位置	最小超高渐变率
行车道中心线	1/600
路缘带外边线	1/300

7.2.6 立体交叉匝道变速车道设计

立体交叉匝道出入口处应设置变速车道。变速车道分直接式和平行式两种,减速车道宜采用直接式,加速车道宜采用平行式。

变速车道的长度为加速车道(或减速车道)长度与过渡段长度之和,变速车道长度不应小于表7-20规定的值。

干线公路城市化改造变速车道长度　　　　表7-20

设计速度(km/h)		100	80	60	50	40
减速车道长度(m)	单车道	90	80	70	50	30
	双车道	130	110	90	—	—
加速车道长度(m)	单车道	180	160	120	90	50
	双车道	260	220	160	—	—
过渡段长度(m)		60	50	45	40	40
渐变率	出口 单车道	1/25	1/20	1/15	1/15	1/15
	出口 双车道					
	入口 单车道	1/40	1/30	1/20	1/20	1/20
	入口 双车道					

坡度上变速车道长度按表7-21中的系数进行修正。

干线公路城市化改造变速车道长度坡度修正系数　　　　表7-21

纵坡度 i(%)	$0<i\leqslant 2$	$2<i\leqslant 3$	$3<i\leqslant 4$	$4<i\leqslant 6$
下坡减速车道修正系数	1.00	1.10	1.20	1.30
上坡加速车道修正系数	1.00	1.20	1.30	1.40

第 8 章　主辅路出入口设置及其安全性分析

城市化地区干线公路有地面整体式（主辅路）、高架+地面道路、隧道+地面道路三种断面形式。不同的断面形式，出入口形式也不同，有着各自的特性和优缺点。基于现场调查，总结快速路主辅路出入口的安全问题，发现无论何种断面形式均存在变速车道长度、出入口间距和出口宽度问题。本章将对各种断面形式的共性问题和各自设计细部问题进行总结和研究，使得道路满足城市化地区干线公路的功能需求。

8.1　主辅路出入口安全设计

本节将对干线公路城市化改造过程中主辅路出入口的安全设计元素进行分析，提出存在的安全问题和相应的改善措施，而变速车道长度、出入口间距和出口宽度等共性问题将单独进行讨论。

8.1.1　主辅路出入口形式

（1）地面整体式主辅路出入口

地面整体式主辅路出入口形式如图 8-1 所示。

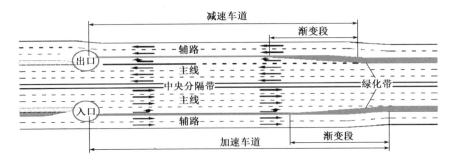

图 8-1　地面整体式主辅路出入口

地面整体式主辅路出入口形式简单，一般由出入口和加减速车道组成。在出口处，由于从主线驶出进入辅路车辆与辅路本身车辆产生一定干扰，因此，在出口设计中需要根据主线出口流量及辅路流量对出口宽度及出口形式开展研究。在入口处,主要需要考虑辅路驶入车辆对主线车流产生的影响,并根据主辅路系统本身的特殊性对入口设计开展研究。

(2)上下匝道

高架/隧道+地面主辅路形式中主线与辅路通过上下匝道进行交通转换,如图 8-2 所示。其中部分隧道+地面主辅路也可采用地面交织完成主辅路交通转换。

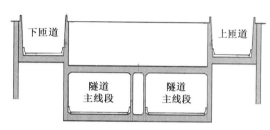

图 8-2　高架/隧道上下匝道基本形式

上下匝道需要设置合理的变速车道长度来消除主辅路车辆之间的速度差,使主辅路能够安全、便捷地完成交通转换。此外,为了让支路交通在与辅路汇合后能够快速进入快速路主线,上下匝道一般设置于辅路平交口附近,此时需要对上下匝道与辅路平交口进出口停车线距离进行核查,防止平交口拥堵造成匝道车辆排队过长,对主线车流产生影响。

8.1.2　出口车辆行驶轨迹与附加车道长度

(1)出口车辆行驶轨迹

与车辆从主线驶入立交匝道的行车轨迹较为顺适相比,车辆从主线出口驶出进入辅路附加车道的行车轨迹为 S 形曲线,如图 8-3 所示,增加了车辆控制难度。因此,为了降低主线驶出车辆碰撞出口两侧侧分带的危险性,对地面整体式出口宽度和出口线形必须加以研究。

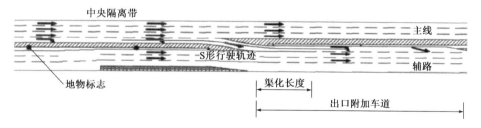

图 8-3　出口处行车轨迹及附加车道示意图

(2)附加车道长度

在地面整体式主辅路出口处,从主线进入辅路的车辆速度差别较大,且主线车辆从辅路左侧寻找间隙汇入辅路车流,需在辅路上设置一定长度的附加车道以供车辆减速并汇入辅路,避免驶入辅路车辆对原有辅路车流产生严重交通干扰。

若附加车道长度不足,不能给车辆提供减速和寻找合适空隙汇入辅路所需要的行驶路段长度,就会导致出口车辆在附加车道上慢速行驶甚至排队,从而对主线车流产生影响。因此,确定合理的附加车道长度对提高快速路出口通行能力具有重要意义。研究认为,在考虑实际道路几何条件及交通状况的条件下,辅路附加车道长度宜为100~120m。

8.1.3 邻近入口路段运行速度分析

邻近入口辅路路段指地面整体式主辅路入口指路标志前50~200m,此路段部分驾驶员会采取换道操作以选取车道继续行驶,准备驶入主线车辆一般会变换车道至辅路内侧车道,而继续在辅路行驶的车辆会变换至辅路外侧车道,从而产生一定的交织。

选取4处地面整体式主辅路入口前路段进行测量,对所得运行速度数据进行概率分布及稳定性分析,并与辅路正常路段运行速度进行对比分析。辅路正常路段与邻近入口路段内外车道运行速度概率分布如图8-4、图8-5所示。

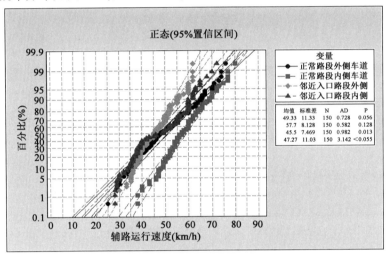

图8-4 辅路正常路段与邻近入口路段内外侧车道运行速度概率分布图

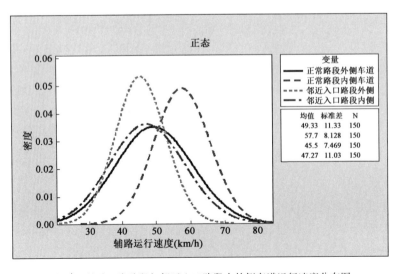

图8-5 辅路正常路段与邻近入口路段内外侧车道运行速度分布图

将邻近入口路段内外侧车道运行速度分布与辅路正常路段运行速度进行对比分析可知：

（1）内外侧车道平均运行速度均降低

相比辅路正常路段内外侧车道平均运行速度，邻近入口路段内外侧平均运行速度均有一定程度下降，这主要是由于驾驶员在邻近入口路段需要经过确认入口标志、变换车道等操作，同时邻近入口路段存在交织现象，因此驾驶员会适当降低行驶速度以安全通过此路段。

（2）内外侧车道运行速度变化规律有一定差异性

①内侧车道

相比正常路段内侧车道平均运行速度，邻近入口路段内侧车道平均运行速度大幅下降（相差约10km/h），且运行速度稳定性比正常路段差。

通过分析发现，造成内侧车道平均运行速度及速度稳定性均下降的原因是地面整体式主辅路入口开在辅路内侧，辅路外侧低速车辆想进入主线必须先变换到内侧车道，车辆交织主要发生于内侧车道，从而使邻近入口路段内侧车道运行速度稳定性大幅降低。

②外侧车道

相比内侧车道运行速度大幅降低，邻近入口路段外侧车道平均运行速度仅比正常路段外侧车道平均运行速度略微降低，且运行速度稳定性有一定的提高。这是由于邻近入口路段交织主要发生在内侧车道，同时横向干扰减少，因此速度稳定性有一定的提高。

8.1.4 邻近入口路段标志标线优化

通过对正常路段及邻近入口路段辅路运行速度进行测定和分析可知，针对邻近入口路段存在交通较为混乱且速度不稳定的状况，需要对此路段标志标线进行相应的优化，使车辆提前进入相应车道，以减少入口处车辆交织，提高入口处通行能力和服务水平。

（1）入口提醒标志应在原有设置的基础上前移，以使辅路外侧车辆能够提前变换至辅路内侧车道，减少由于入口提醒标志离入口太近导致的辅路车辆匆忙换道，引起交通混乱。

（2）对入口处辅路标线进行优化，优化方式可参考图8-6并考虑入口实际渠化情况，主要为了防止辅路外侧车道车辆一次变换多条车道，造成交通安全隐患。

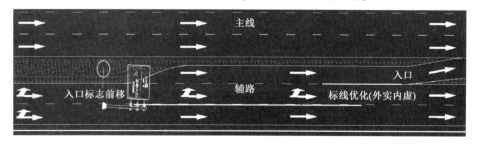

图8-6 地面整体式主辅路入口处标志标线优化示意图

8.1.5 出入口与辅路平交口距离问题

为了方便其他道路通过辅路平交口与主线形成快速的交通转换,一般将主辅路出入口(或上下匝道)与辅路平交口设置为简易菱形立交。

快速路上下匝道与地面平交口衔接段优化处理,是保障快速路正常运营和地面平交口通畅的一个重要方法。主要表现为:道路下匝道车流量较大,同时受前方交叉口通行能力所限,在交叉口红灯期间,下匝道车流通常在交叉进口道处排队,造成交叉口拥堵,甚至会通过匝道反溯至快速路,进而影响快速路的通行。各种车流要在长宽有限的交织段完成重新组织,其后果必然是车速下降直至堵塞,甚至影响快速路的通行能力和服务水平。通过对衔接段进行合理的交通组织,可以改善匝道出入车辆与地面平交口行驶车辆之间的交织和冲突,从而减少事故数量并改善平交口通行能力。

该问题在城市高架快速路中较为显著,为保证出口交通畅通,《城市快速路设计规程》(CJJ 129—2009)对高架上下匝道与辅路平交口间距作出如下规定:下匝道坡脚与辅路衔接点距离下游平面交叉口停车线宜大于或等于140m;上匝道坡脚与辅路衔接点距离上游平面交叉口停车线宜为50~100m。城市化进程下的干线公路改造对于该问题的反映尚不明显,交通量和集散功能的需求均与城市快速路有一定区别,然而考虑到未来周边区域的发展,交通量会不断增长,出入口布设除满足以上最小间距要求外,还要考虑到快速路主线车辆行驶速度高和分合流交通安全性,建议出入口设置满足以下条件:

(1)对于前后交叉口间距满足要求(500~1500m)的路段,主辅路出口设置在节点1下游端,入口设置在节点2上游端,从而使得车流交织变换车道主要在车速较低的一般路段的辅道完成[图8-7a)]。

(2)对于前后交叉口间距较大(≥1500m)的路段,主辅路出口设置在节点2的上游端,入口设置在节点1的下游端[图8-7b)],进而减少车流变换主辅路的行驶时间,充分发挥快速路主线的优势。

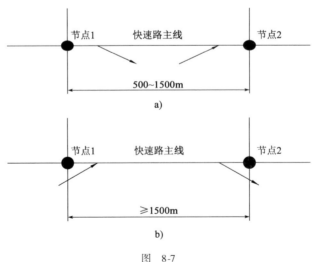

图 8-7

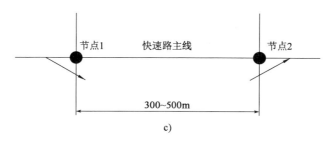

图 8-7 针对不同交叉口间距的出入口设置方法

(3)对于前后交叉口间距较小(300~500m)的路段,主辅路出口设置在节点1的上游端,入口设置在节点2的下游端[图8-7c)]。

8.2 变速车道长度分析

由于主辅路设计速度差的存在,辅路车辆通过入口汇入主线需要设置一定长度的加速车道。加速车道的设置是主辅路入口设计的重要组成部分,辅路车辆在加速车道上加速实现主线车速与辅路车速之间的平稳过渡,维持主辅路入口的服务水平与主线一致。因此,加速车道设置是否合理直接关系到辅路车辆能否迅速、便捷、安全地汇入主线,同时防止汇入车辆对主线的交通流产生较大的影响。

《城市快速路设计规程》(CJJ 129—2009)对城市快速路中单车道变速车道长度的要求见表 8-1。

变速车道长度 表 8-1

主线设计速度(km/h)	100	80	60
减速车道长度(m)	90	80	70
加速车道长度(m)	180	160	120

干线公路城市化改造过程中,多采用上述变速车道长度,然而通过对城市化下的干线公路进行调查,发现其存在加速车道利用率问题,而这与干线公路城市化改造后的道路功能、交通量和车型组成等因素有关,与通常意义下的城市快速路有一定区别。

8.2.1 规范计算方法

规范中对加速车道长度的计算主要考虑辅路的平均行驶速度及车辆汇入速度,采用以下公式进行计算。即在不考虑交通量影响时,主辅路入口车辆在加速车道上的行驶距离按式(8-1)计算。

$$S_0 = \frac{v_1^2 - v_2^2}{26a} \tag{8-1}$$

式中:S_0——行驶距离(m);

a——平均加速度(m/s^2),取 $0.8 \sim 1.2 m/s^2$;

v_1——入口车辆成功汇入主线的合流速度(km/h);

v_2——辅路或匝道的设计速度(km/h)。

由于规范中的方法忽略了主线交通流对入口车辆汇入的影响,因此国内大部分研究集中在主线交通流对入口车辆汇入延迟上。

国内相关研究认为:行驶距离 S_0 是车辆在加速车道上必须实现加速过程的最小运行距离。车辆经过加速达到一定的汇入速度 v_1 后,在考虑主线交通流的影响下寻找主线车辆间隙进行汇入操作,其中入口车辆汇入长度包含两个部分,即寻找主线交通流间隙所需距离及车辆横移一条车道所需距离,则加速车道的长度按式(8-2)计算。

$$L_{加} = S_0 + L_{汇入} = S_0 + L_{间隙} + L_{变道} \tag{8-2}$$

式中:$L_{加}$——加速车道长度(m);

S_0——车辆加速所需距离(m);

$L_{汇入}$——考虑主线交通流影响下车辆汇入主线所需长度(m);

$L_{间隙}$——车辆在加速车道上寻找主线交通流间隙所需距离(m);

$L_{变道}$——车辆变换一条车道所需距离(m)。

由式(8-2)可知,现有研究将车辆行驶过程中加速阶段及汇入阶段分开来考虑,即车辆先在加速车道上进行加速,达到一定的可汇入速度 v_1 后,驾驶员在考虑主线交通流的影响下寻找主线车辆间隙进行汇入操作。通过现场观察发现,车辆行驶过程中驾驶员一般会边加速边观察主线车流间隙选择汇入点,因此车辆加速阶段和汇入阶段并不能完全割裂开进行考虑。

本书通过对加速车道上车辆汇入行为的分析,在考虑加速阶段及汇入阶段存在重叠长度的情况下,提出车辆汇入模型,并通过大量现场实测数据对模型进行验证,为加速车道长度合理设置提供一定参考。

8.2.2 汇入模型

通过现场车辆汇入过程分析车辆汇入模型,根据主线交通量大小可以分为以下两种情形讨论:

(1)主线外侧车道交通量较小

当主线外侧车道交通量较小时,主线车辆间隙足够大,驾驶员会经过短暂加速后选择迅速并入主线。由于驾驶员在加速过程已经发现主线有足够间隙进行汇入操作,寻找主线汇入间隙阶段包含在车辆加速阶段内,此时车辆在加速车道上的实际行驶距离为车辆加速到期望汇入速度所需距离与车辆变换一条车道所需距离之和,如式(8-3)所示。

$$L_{行驶} = S_1 + L_{变道} = \frac{v_{期望}^2 - v_2^2}{26a} + L_{变道} \tag{8-3}$$

式中:$L_{行驶}$——车辆在加速车道上的实际行驶距离(m);

S_1——车辆加速到期望速度所需距离(m);

$v_{期望}$——驾驶员期望汇入速度(km/h);

v_2——车辆初始速度(km/h),可取辅路设计速度,亦可实际测量取得;

a——平均加速度(m/s^2),取 0.8~1.2m/s^2;

$L_{变道}$——车辆变换一条车道所需行驶距离(m)。

(2)主线外侧车道交通量较大

当主线交通量较大时,由于驾驶员需要边加速边观察主线间隙,此时驾驶员经过加速达到期望汇入速度阶段和寻找主线空隙阶段有一定的并发性。为了简化计算模型,设定车辆加速阶段和汇入阶段重叠长度为 R,则车辆在加速车道上的行驶距离按式(8-4)计算。

$$L_{行驶} = S_1 + L_{汇入} - R \tag{8-4}$$

式中:S_1——车辆加速到期望速度所需距离(m);

$L_{汇入}$——车辆汇入所需距离(m);

R——重叠长度(m)。

由现场实测可知,在主线交通量较小的情况下,由于主线外侧车道交通量亦较小,主线交通流对汇入车辆影响较小,匝道车辆可以迅速汇入主线,此时大车和小车在加速车道上的实际汇入距离及汇入速度相差不大,计算加速车道长度时不必考虑大小车的汇入差别。

在主线交通量较大的情况下,主线外侧车辆交通量亦较大,外侧车道交通流对汇入车辆有较大影响,匝道车辆必须寻找外侧交通流间隙进行汇入操作,此时大小车汇入速度及汇入距离都有较大差别,必须分开讨论。

本书研究主要针对主线交通服务水平为二级或三级展开。根据提出的车辆汇入模型及式(8-3)、式(8-4),选取地面整体式主辅路入口进行测量,现场需要分车型进行测量的参数主要有:车辆实际行驶距离、车辆汇入速度、主线外侧车辆速度、主线内侧车辆速度、主线外侧交通量、车辆驶出匝道初速度。

8.2.3 加速车道利用率

加速车道利用率 ϕ 即车辆在加速车道上实际利用的长度占加速车道总长度的比例。加速车辆利用率可以客观真实反映车辆在加速车道上的行驶距离,对加速车道长度的设计有很好的参考作用。

通过对主辅路入口车辆在单车道加速车道汇入主线的汇入点进行观测,分车型测定车辆的实际汇入距离,本次所测数据为车辆行驶至汇入间隙点距离,不包括车辆变换车道所需距离。本次选取地面整体式主辅路入口进行实测,得到如图 8-8 所示结果(实测结果精确到 10m)。

实测路段为地面整体式主辅路,其中城市快速路主线设计速度为 100km/h,辅路设计速度为 40km/h,单车道加速车道长度为 180m。由实测数据可知:

小车平均加速车道利用率 $\phi_1 = 91.6/180 = 50.9\%$

大车平均加速车道利用率 $\phi_2 = 103.7/180 = 57.6\%$

由上述分析可知,在主辅路单车道入口处,小车的加速车道利用率普遍较低,大车比小车的加速车道利用率高,即大车在加速车道上的行驶距离比小车大,造成这种差异主要有两个原因:①小车比大车的加速性能好,小车加速度及初始速度均比大车大,从而小车加速到可汇入主线所需速度的时间比大车短;②小车所需要的主线汇入间隙远小于大车,小车较容易找到主线间隙进行汇入操作。因此,在进行加速车道长度设计研究时需要将大小车区分开来,从而得出合理的车辆汇入模型。

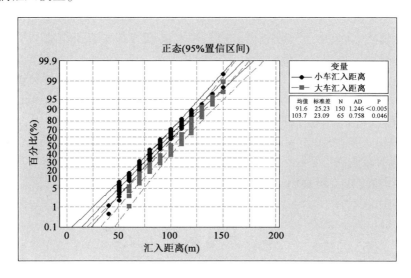

图8-8 不同车型汇入距离概率分布图

8.2.4 汇入速度

汇入速度(合流速度)v_1是指加速车道上车辆汇入快速路主线行车道时,汇入车辆保持的一般速度。由于驾驶习惯、车辆性能及主线车流影响的不同,车辆汇入主线的速度也不尽相同。相关研究表明,合流速度一般小于主线平均行车速度,当速度差较大时,车辆汇入就存在一定的安全隐患。

(1)车辆实际汇入速度

国内研究在计算加速车道长度时,一般认为合流速度与主线设计速度有直接相关性,因此采用主线设计速度来计算合流速度,如式(8-5)所示。

$$v_1 = 0.76U \text{ 或 } v_1 = U - 20 \tag{8-5}$$

式中:v_1——车辆合流速度(km/h);

U——主线设计速度(km/h)。

然而根据现场车辆在加速车道汇入速度的测定发现,实际汇入速度一般均小于车辆合流速度v_1。以下是根据现场实测车辆汇入速度(图8-9)的具体分析:

小车平均汇入速度为64km/h,$v_{85小}$=72km/h;大车平均汇入速度为55km/h,$v_{85大}$=63km/h。国内研究普遍采用的汇入速度v_1=80km/h。由上述分析可知,入口加速车道车辆实际汇入速度远远小于现有研究采用的汇入速度。

(2)汇入速度与主线外侧车辆速度

通过大量数据分析发现,驾驶员期望汇入速度与主线外侧车道平均车速有较大的相关性。

具体相关性分析如图 8-10 所示。

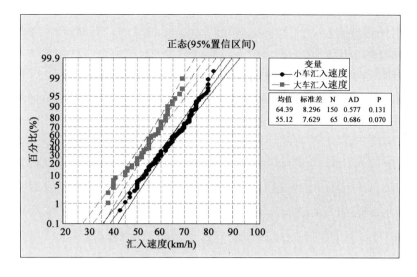

图 8-9　主辅路入口车辆汇入速度概率分布图

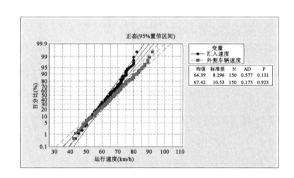
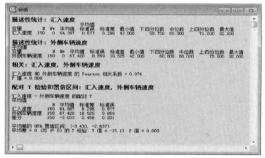

图 8-10　汇入速度与主线外侧车辆速度相关性分析

将外侧车辆速度及汇入速度两组数据输入数据分析软件 Minitab 进行相关性分析,可得外侧车辆速度和汇入速度的 Pearson 相关系数为 0.974,呈高度相关性。相关性分析说明,驾驶员通过观察、预估主线外侧车辆行驶速度选择车辆汇入速度,车辆实际汇入速度与主线设计速度及内侧行车速度相关性较低。

8.2.5　汇入长度

主线合流区入口处车辆运行有着类似于无控交叉口中次要道路车辆运行的特点。入口交通量的计算可借鉴无控交叉口中次要道路交通量的计算方法,但具体参数有着不同的意义。

在交通量较小、车辆到达随机的畅通行车流情况下,通常用负指数描述主线外侧车道车头时距,此时对应的主辅路入口通行能力 Q_r 按式(8-6)计算。

$$Q_r = Q_1 \frac{\exp(-\lambda t_0)}{1-\exp(-\lambda t)} \tag{8-6}$$

式中：Q_r——入口通行能力；

Q_1——主线外侧车道交通量；

t_0——入口车辆汇入的临界间隙；

t——排队驶入的入口车辆连续通过合流点时的最小车头时距，即入口车辆的跟车时距；

λ——单位时间间隔的平均到达率，如用 Q 表示小时交通量，则 $\lambda = Q/3600$。

若交通量持续增大，由于车辆之间的相互影响，车流之间的自由度迅速降低，此时主辅路入口交通量在主线行车道车头时距符合 r 阶 Erlang 分布，如式(8-7)所示。

$$Q_r = Q_1 \sum_{i=0}^{r-1} \frac{(-1)^i}{i!} \left| \frac{\exp(-Q_1 r t_0 x/3600)^{(i)}}{1-\exp(-Q_1 r t x/3600)} \right|_{x=1} \tag{8-7}$$

研究表明，当主线为三级服务水平时，主线外侧车道车头时距满足二阶 Erlang 分布，即当 $r=2$ 时，入口通行能力按式(8-8)计算。

$$Q_r = Q_r \frac{(1+m_0)\mathrm{e}^{-m_0} - (1+m_0-m)\mathrm{e}^{-m_0-m}}{(1-\mathrm{e}^{-m})^2} \tag{8-8}$$

式中：m_0、m——间隔 t_0 和 t 内的车辆到达数，$m_0 = Q_1 t_0/1800$，$m = Q_1 t/1800$。

根据入口车辆在加速车道上不同位置的汇入概率模型等相关研究可知，主线车辆可汇入间隙的分布是一个随机分布，通过汇入概率模型研究可以得到匝道车辆在等待主线可汇入间隙的行驶距离 $L_{汇入}$，按式(8-9)计算。

$$L_{汇入} = -\frac{3600}{Q_r} \ln(1-p) \tag{8-9}$$

式中：p——汇入概率，一般取 $0.85 \sim 0.95$。

根据城市快速路主线上不同车型临界间隙及跟车时距（表8-2），计算在考虑主线外侧交通流影响下，地面整体式主辅路入口车辆汇入距离。

城市快速路主线上不同车型临界间隙及跟车时距　　　　表8-2

车型	临界间隙 t_0(s)	车型	跟车时距 t(s)
小车	4.0	小车-小车	2.0
		小车-大车	4.0
大车	5.0	大车-小车	2.5
		大车-大车	5.0

（1）小车汇入距离

取临界间隙 $t_0 = 4\mathrm{s}$，跟车时距 $t = 4\mathrm{s}$，主线外侧车道交通量 $Q_1 = 1200\mathrm{pcu/h}$，汇入概率 $p = 0.95$，分别带入式(8-8)、式(8-9)，可得：$L_{汇入} \approx 40\mathrm{m}$。

（2）大车汇入距离

取临界间隙 $t_0 = 5\mathrm{s}$，跟车时距 $t = 5\mathrm{s}$，主线外侧车道交通量 $Q_1 = 1200\mathrm{pcu/h}$，汇入概率 $p = 0.95$，分别带入式(8-8)、式(8-9)，取整可得：$L_{汇入} \approx 65\mathrm{m}$。

8.2.6 重叠长度

由车辆汇入模型分析可知,车辆在加速车道上加速阶段与汇入阶段有一定的重叠长度,根据式(8-4)以及车辆实际行驶距离及汇入速度可以计算出重叠长度 R,从而使车辆在加速车道上的汇入模型更加明确。

(1)小车重叠长度 R_1

小车平均汇入速度 $v_小 = 64 \text{km/h}$,小车初速度 $v_2 = 45 \text{km/h}$,平均行驶距离 $L_{行驶} \approx 90\text{m}$,平均加速度 $a = 1\text{m/s}^2$,小车汇入距离 $L_{汇入} \approx 40\text{m}$,带入式(8-3)、式(8-4)可得:

$$R_1 = S_1 + L_{汇入} - L_{行驶} \approx 30\text{m}$$

(2)大车重叠长度 R_2

大车平均汇入速度 $v_大 = 55 \text{km/h}$,大车初速度 $v_2 = 35 \text{km/h}$,平均行驶距离 $L_{行驶} \approx 100\text{m}$,平均加速度 $a = 0.8\text{m/s}^2$,大车汇入距离 $L_{汇入} \approx 65\text{m}$,带入式(8-3)、式(8-4)可得:

$$R_1 = S_1 + L_{汇入} - L_{行驶} \approx 50\text{m}$$

由重叠长度 R 的计算结果可知,大车的重叠长度比小车的重叠长度要长,这主要是因为大车所需主线汇入间隙要大于小车,驾驶员需要较长时间观察主线并寻找主线车辆间隙进行汇入操作。

根据计算结果,由于 $R > 0$,本书提出的车辆汇入模型符合驾驶员在加速车道上的实际加速及汇入过程,即当主线交通服务水平为二级或三级时,车辆在加速车道上行驶并入主线过程中,车辆并不是先加速到汇入速度再观察主线车流间隙选择汇入点,加速阶段与寻找汇入间隙阶段有一定长度的重叠,加速阶段和汇入阶段是不能割裂开来考虑的。

8.3 出入口最小间距分析

主辅路出入口间距与城市快速路立交匝道出入口间距有一定的类似性,因此,可以参照立交匝道出入口间距对主辅路出入口间距进行研究。与立交匝道出入口组合一致,主辅路出入口组合也有四种形式,即入口-出口、入口-入口、出口-出口、出口-入口,如图8-11所示。

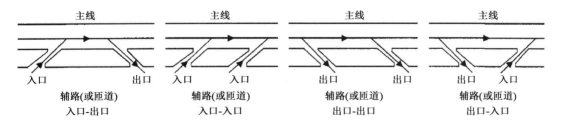

图8-11 主辅路出入口组合形式

《城市快速路设计规程》(CJJ 129—2009)对立交匝道出入口间距的规定见表8-3。

城市快速路出入口间距（m） 表 8-3

主线设计速度 (km/h)	出入口形式			
	出口-出口	出口-入口	入口-入口	入口-出口
100	760	260	760	1270
80	610	210	610	1020
60	460	160	460	760

通过查阅相关文献，可知现行规范的出入口最小间距值是通过经验计算法得到的。国内相关单位根据调查结果得到出入口的影响范围（表8-4），以两相邻出入口的影响区域互不干扰为原则，根据出入口的不同组合形式计算得到了现行规范中的出入口最小间距值。

快速路出入口影响范围 表 8-4

主线设计速度(km/h)	出口上游或入口下游影响范围(m)	出口下游或入口上游影响范围(m)
60	380	77
80	508	102
100	632	128

上述经验计算法主要通过调查数据统计分析得到出入口最小间距值，缺乏相关的理论依据。同时，当主线处于不同饱和度条件下时，快速路出入口的影响区范围也会有所不同，如完全按照上述规范值，难免会出现不适用实际情况的现象。

快速路出入口最小间距受到加速段长度、交织段长度、减速段长度和标识识认距离等因素的影响。近年来，在出入口最小间距的研究中，采用交通流可接受间隙理论对主线不同饱和度下快速路出入口最小间距值进行探讨的方法值得借鉴。干线公路的城市化改造在功能上以满足主线畅通为主，该方法通过理论计算车辆经过出入口完成交通转换和交织需要的长度，进而得出出入口最小间距，具有一定的可靠性和可行性。

8.3.1 入口-入口形式

在入口-入口组合形式的出入口，主线车辆连续通过两个入口，两个入口之间最小间距的限制条件主要为上一个入口下游车辆合流所需长度。同时，在入口下游车辆合流后，主线车辆需要进行一次车道调整。因此，在尽量减少出入口对主线车流运行影响的前提下，入口-入口组合形式出入口最小间距 L_{in-in} 应由加速车道长度 L_a 和一次车道变换所需长度 L_0 两部分构成，按式(8-10)计算。

$$L_{in-in} = L_a + L_0 \tag{8-10}$$

本公式运用交通流理论与概率论、运动学相结合的方法，构建了基于饱和度、设计速度和主线车道数三个关键影响因素的加速车道长度和车辆进行一次车道变换所需长度组成的出入口最小间距。

根据上述分析计算，得出在主线不同设计速度、车道数和饱和度条件下的入口-入口组合形式出入口最小间距建议值，见表8-5。

入口-入口形式出入口最小间距建议值（m）　　　　表 8-5

主线设计速度（km/h）	主线饱和度	主线车道数 N		
		$N=4$	$N=6$	$N=8$
$v=60$	0.4	180	175	175
	0.6	225	210	210
	0.8	270	270	270
$v=80$	0.4	280	270	270
	0.6	375	345	345
	0.8	430	440	440
$v=100$	0.4	410	390	390
	0.6	540	505	505
	0.8	650	660	660

8.3.2 入口-出口形式

入口-出口组合形式的出入口采用入口匝道车辆先驶入主线，出口匝道车辆后驶离主线的运行形式。出入口之间既受到入口合流又受到出口分流的影响，并产生交织，所以出入口间距应按照满足入口下游合流、出口上游车道变化和分流所需长度进行设置。同时，在入口合流之后至出口上游车道变换和分流前，主线车辆需进行一次车道变换调整。因此，在尽量减少出入口对主线车流运行干扰的前提下，入口-出口组合形式出入口最小间距 $L_{\text{in-out}}$ 应由加速车道长度 L_a、一次车道变换所需长度 L_0、标识识认距离 L_s、反应决策行驶距离 L_j、出口上游驶出车辆变换车道长度 L_b 和减速车道长度 L_d 六部分构成，按式(8-11)计算。

$$L_{\text{in-out}} = L_a + L_0 + L_s + L_j + L_b + L_d \tag{8-11}$$

根据上面的分析计算，可得到在主线不同饱和度、车道数和设计速度下的入口-出口组合形式出入口最小间距建议值（匝道设计速度取为主线设计速度的0.5倍），见表8-6。

入口-出口形式出入口最小间距建议值（m）　　　　表 8-6

主线设计速度（km/h）	主线饱和度	主线车道数 N		
		$N=4$	$N=6$	$N=8$
$v=60$	0.4	445	465	490
	0.6	510	545	590
	0.8	530	605	685
$v=80$	0.4	625	660	700
	0.6	750	815	905
	0.8	750	900	1035
$v=100$	0.4	855	895	950
	0.6	1045	1145	1275
	0.8	1090	1305	1510

8.3.3 出口-入口形式

出口-入口组合形式出入口采用主线车辆先出后进的形式,其出入口之间基本不受分流和合流的影响,因此交通压力小。但主线部分车辆在前一个出口下游和下一个入口上游,主线车辆可能需要进行一次车道的调整。因此,在尽量减少出入口对主线车流运行影响的前提下,出口-入口组合形式出入口最小间距 $L_{\text{out-in}}$ 应满足一次车道变换所需长度 L_0,即

$$L_{\text{out-in}} = L_0 \tag{8-12}$$

根据上面的分析,可知出口-入口组合形式出入口最小间距基本不受主线车道数的影响,主要因主线饱和度和设计速度的不同而有所差异。在主线不同饱和度和设计速度下的出口-入口组合形式出入口最小间距建议值见表8-7。

出口-入口形式出入口最小间距建议值　　　　表8-7

主线设计速度(km/h)	主线饱和度	出入口最小间距(m)
$v=60$	0.4	60
	0.6	80
	0.8	100
$v=80$	0.4	80
	0.6	100
	0.8	140
$v=100$	0.4	100
	0.6	150
	0.8	210

8.3.4 出口-出口形式

在出口-出口组合形式的出入口,主线车辆连续通过两个出口,两个出口之间最小间距的限制条件主要为下一个出口上游车辆车道变换、分流所需长度。同时,在前一出口下游由于部分外侧车道车辆驶离主线,所以主线车流会进行一次车道调整。因此,在尽量减少出入口对主线车流运行干扰的前提下,出口-出口组合形式出入口最小间距 $L_{\text{out-out}}$ 应由一次车道变换所需长度 L_0、标识识认距离 L_s、反应决策行驶距离 L_j、出口上游驶出车辆变换车道长度 L_b 和减速车道长度 L_d 五部分构成,按式(8-13)计算。

$$L_{\text{out-out}} = L_0 + L_s + L_j + L_b + L_d \tag{8-13}$$

根据上面的分析计算,可得到在主线不同饱和度、车道数和设计速度下的出口-出口组合形式出入口最小间距建议值(匝道设计速度取为主线设计速度的0.5倍),见表8-8。

出口-出口形式出入口最小间距建议值(m)　　　　表8-8

主线设计速度 (km/h)	主线饱和度	主线车道数 N		
		N=4	N=6	N=8
v=60	0.4	290	315	340
	0.6	335	385	430
	0.8	340	410	490
v=80	0.4	385	430	470
	0.6	470	565	655
	0.8	455	595	730
v=100	0.4	500	560	615
	0.6	640	775	905
	0.8	645	855	1060

8.3.5　VISSIM 仿真分析

VISSIM 为德国 PTV 公司开发的微观交通流仿真软件,用于交通系统的各种运行分析。该软件能分析在车道类型、交通组成、交通信号控制、停让控制等众多条件下的交通运行情况,具有分析、评价、优化交通网络及设计方案比较等功能,是分析许多交通问题的有效工具。

本节通过 VISSIM 交通仿真软件,基于苏虞张快速路的交通调查数据,对苏虞张快速路出入口间距进行模拟仿真,并与理论计算值进行对比,对所参考的理论计算模型进行验证。

(1)仿真模型建立

①出入口选取和路网建立

选取苏虞张快速路出入口为仿真建模参照,快速路出入口的道路几何条件主要为:主线双向六车道,出入口匝道和加减速车道均为一车道,主线车道宽度均为 3.75m,辅路和加减速车道宽度均为 3.5m,道路纵坡小于 2%,加减速车道采用平行式。根据实际车流运行情况,在入口仿真模型中,主线建立了上游、入口处和下游三个路段,辅路匝道建立了上游、下游两个路段,通过连接器使其相连通。构建的快速路出入口仿真模型如图 8-12 所示。

图 8-12　快速路出入口仿真模型

②流量输入

把苏虞张快速路主辅路交通量和车型组成的调查数据作为流量数据输入出入口仿真模型中,具体数据见表 8-9。

流量输入　　　　　　　　　　　　　　　　表8-9

主线交通量(pcu/h)	辅路交通量(pcu/h)	主线车型组成	辅路车型组成
1056	558	小汽车占89%,货车占11%	小汽车96%,货车占4%

③运行规则设定

VISSIM仿真软件为仿真无信号控制交叉口、单独路段或连接路段上车辆运行情况提供了一些车辆运行规则设置程序,如优先规则、冲突区域等,用户可根据不同道路或交叉口实际运行情况设置运行规则。根据实际调查,入口匝道车辆在加速车道末端往往等待主线外侧车道有可接受插车间隙后才汇入主线,否则停车等待,即主线车辆具有优先通行权。因此,为了使仿真模型符合实际车辆运行规律,在入口加速车道末端汇入主线处设置优先规则,以防止车辆发生碰撞冲突。

④车辆跟驰模型

在VISSIM提供的车辆跟驰模型中,以Widemann99和Wiedemann74跟车模型最为常用。Widemann99模型适用于城际道路、高速公路交通条件,Widemann74模型适用于城市内部道路交通条件。而苏虞张快速路与城市快速路颇有不同,其车辆运行特性与城际道路更为接近,因此,本仿真模型选用Widemann99跟车模型。

⑤车道变换行为

为与实际车辆驾驶行为相符,仿真建模在车道变换行为中选择了自由车道变换的驾驶特性,即在车辆行驶过程中车辆根据相邻车道间隙进行判断,选择从外侧或内侧车道进行车道变换以达到期望运行速度。

⑥期望速度

期望速度是指在一定的道路条件下,没有其他车辆的干扰,车辆自由行驶状态下采用的速度,受道路条件、车辆性能和驾驶员特性因素的影响。本仿真模型对快速路出入口处实测数据进行标定,主线与辅路期望速度最大值、最小值及均值的标定值见表8-10。

期望速度的标定　　　　　　　　　　　　　　表8-10

路段	最大期望速度(km/h)	最小期望速度(km/h)	85%分位期望速度(km/h)
主线	100	75	86
辅路	75	55	66

⑦仿真模型校验

建立的仿真模型在应用前,必须将仿真模型运行输出数据与实际交通调查数据进行比较分析。若误差在允许范围内,则说明仿真模型能够较好地模拟出实际交通流运行情况;若误差过大,则需要重新调整仿真模型,以减小与实际的误差,真实地模拟出实际道路交通流运行情况。选取平均运行速度对仿真模型进行校验,误差要求控制在15%范围以内,见表8-11。

仿真误差分析　　　　　　　　　　　　　　表8-11

误差分析	主线	辅路	入口汇入	出口汇入
仿真速度(km/h)	87.1	68.4	64.4	40
实际速度(km/h)	87	67	60	41
误差(%)	0.1	2.1	7.3	2.4

(2)仿真结果分析
①出口-入口形式

根据仿真模型运行结果,得到在该道路交通条件下主线出入口之间车辆平均运行速度与出口-入口形式间距的关系曲线,如图8-13所示。

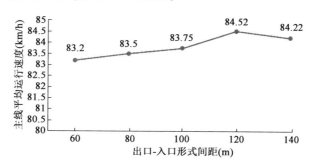

图8-13　出口-入口形式间距与主线平均运行速度的关系曲线

由关系曲线可以看出,出口-入口之间车辆平均运行速度随着出口-入口形式间距的增加而缓慢增大,可以看出间距的增加对出入口的速度有影响,但不是特别明显,这是由于先出后入形式的出入口将交织转移至辅路,而间距的大小对辅路车速的影响就会较为明显,如图8-14所示。这说明增加出口-入口形式间距有利于缓解出口与入口之间主辅路车辆选择车道变换调整而引起的运行速度的降低。从两图可以看出,速度趋于平缓的转折点均在 $v=120$km/h 左右,该理论计算值在主线饱和度为0.4、设计速度为100km/h时所需的最小间距为100m,而主线饱和度为0.6时为150m,本案例中的主线饱和度约为0.48,模拟所得的最小间距介于100m与150m之间,说明该理论计算模型合理。

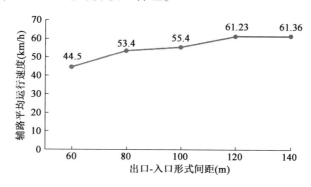

图8-14　出口-入口形式间距与辅路平均运行速度的关系曲线

②入口-出口形式

根据仿真模型运行结果,得到在该道路交通条件下主线出入口之间车辆平均运行速度与入口-出口形式间距的关系曲线,如图8-15所示。

从图中可以看出,主线平均运行速度随着入口-出口形式间距的增加而增大,该形式所需要的间距比先出后入形式大很多,这是由于入口-出口形式的交织在主线上,故主线车速所受影响较大。与理论模型计算值对比,在主线饱和度为0.4和0.6时,间距分别为895m和

1145m,而模拟结果主线平均运行速度从间距1000m后趋于平缓,介于895m与1145m之间,说明理论计算模型合理。

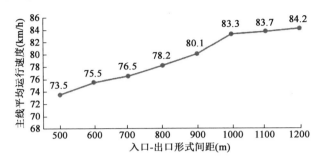

图8-15 入口-出口形式间距与主线平均运行速度的关系曲线

通过对以上两种形式的出入口进行仿真分析可知,该理论计算模型合理,对进行城市化改造的干线公路出入口间距的设置有一定的参考价值。

8.4 出口宽度分析

《城市快速路设计规程》(CJJ 129—2009)规定,地面整体式主辅路出口宽度为3.5m。通过对实际工程项目中出口行车特性进行分析发现,出口宽度为3.5m时,小车通过出口时,驾驶员基于对侧向净空的安全考虑,均大幅减速,以较低速度通过出口进入辅路;大车基本需要缓速通过出口,在出口处造成交通拥堵、车辆积压,从而影响主线交通正常运行,并严重降低出口处通行能力及服务水平。

出口宽度是指出口车道宽度与左右侧向净空之和。单车道出口宽度过小,不仅严重影响出口通行能力及服务水平,同时由于出口处行车轨迹的限制,大大增加了车辆碰擦两侧分隔带的概率,对大车的通行影响尤为突出;单车道出口宽度过大,由出口临界流量可知,出口流量过大会给辅路交通带来较大干扰,同时给驾驶员造成双车道出口的错觉,造成出口交通紊乱,有一定的安全隐患。因此,设置合理的出口宽度对保证出口及辅路服务水平有重大作用。

本节建立VISSIM交通仿真模型,通过设定不同的出口流量,仿真出口车辆与辅路车辆产生干扰,得出不同的延误时间,分析主线不同出口流量及辅路流量之间的关系,从而对出口通行能力进行分析,最后得出合理的出口宽度。

8.4.1 VISSIM仿真模型

(1)计算机辅助设计(CAD)模型建立

在运用VISSIM进行仿真测试之前,需要使用CAD对路网进行建模。选取典型地面整体式主辅路出口进行建模,采用平行式减速车道,主线三车道,车道宽度为3.75m,辅路两车道,车道宽度为3.5m,出口处设置一条辅路附加车道,模型如图8-16所示。

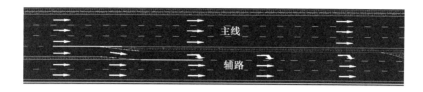

图8-16 CAD建模示意图

(2)VISSIM模型参数标定

将CAD模型导入VISSIM中,对静态数据(道路设施)中道路、连接段及检测器位置和长度进行设定后,对模型的动态数据进行标定。

①交通流量

交通流量中,辅路交通流量及出口处交通流量货车比例均取15%,在仿真过程中输入相应出口及辅路流量进行测试。

②期望速度

根据实际工程中实测运行速度数据,对出口处车辆及辅路车辆期望速度进行标定。其中出口处小车速度取40~60km/h,大车速度取30~50km/h;辅路小车速度取35~55km/h,大车速度取30~50km/h。

③优先规则

通过对出口车辆优先通行及辅路车辆优先通行两种情况进行比较,发现出口车辆优先通行仿真数据与实际情况更加切合,因此选用出口车辆优先规则进行仿真测试。

④行程时间、延误时间及排队长度

延误是指由于交通干扰和交通管制引起的行驶时间的损失,包括固定延误、停车延误、形式延误、排队延误和引道延误。VISSIM通过设置行程时间检测器,组成延误检测区段,以检测区段来计算损失的时间。选用延误时间作为参数指标,行程时间及排队长度作为参考指标。

8.4.2 出口流量仿真分析

通过辅路预测交通量数据可知,单向双车道辅路高峰小时交通量在1100~1500pcu/h范围内,正常时段交通流量在600~1000pcu/h范围内。

因此,本次辅路流量取600~1400pcu/h,出口流量依次取600pcu/h、800pcu/h、900pcu/h、1000pcu/h、1100pcu/h、1200pcu/h及1400pcu/h进行模拟仿真,相应延误时间见表8-12。

不同出口流量及辅路流量交通仿真延误时间(s) 表8-12

出口流量 (pcu/h)	辅路流量(pcu/h)						
	600	800	900	1000	1100	1200	1400
600	3.2	2.5	3.4	2.6	6.0	6.6	6.7
800	5.6	8.4	8.6	8.7	9.1	12.1	14.8

出口流量 (pcu/h)	辅路流量(pcu/h)						
	600	800	900	1000	1100	1200	1400
900	9.3	9.7	9.5	10.2	11.8	17	30.9
1000	9.8	13.2	21.4	29.5	34.7	40.5	40.3
1100	15.4	14.1	25.6	36.7	40.5	42.5	49.1
1200	18.0	43.2	59.9	64.4	68.7	70.5	70.5
1400	67.8	98.8	—	—	—	—	—

由交通仿真所得交通延误时间及实际仿真场景(图8-17),对主线出口流量及辅路流量关系进行分析,可以得出以下结论:

(1)随着出口流量及辅路流量的增加,延误时间逐渐增长。

(2)出口流量增加导致的延误时间增长速率比辅路流量增加导致的延误时间增长速率大,造成这种现象主要有以下两个原因:

①出口设置于辅路左侧,而辅路左侧车道流量占辅路总流量的大部分,且左侧车道车辆运行速度较高,因此,当出口车辆从辅路左侧车道汇入时,造成的延误更加严重。

②仿真模型中辅路为两车道,辅路左侧车道车辆可以行驶至邻近出口干扰区域时变换车道至外侧车道,以降低延误时间。

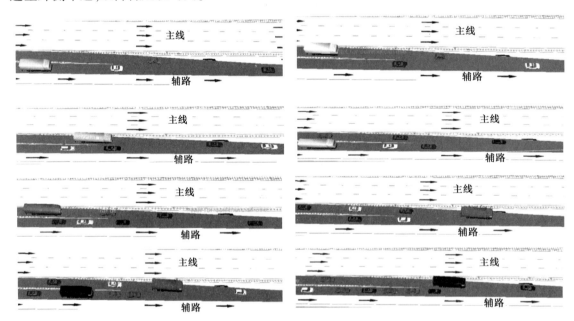

图8-17 实际仿真场景(流量逐渐增加)

(3)出口临界流量。

在辅路流量不变的情况下,随着出口流量的增加,延误时间开始增长缓慢,当出口流量达到某一值时,延误时间骤然增大,称此现象为延误突变,对应出口流量为出口临界流量。

出口临界流量能够很好地表征出口车辆汇入辅路产生交通干扰的临界状况,即在此流量下,出口流量与辅路流量产生的交通干扰较小,车辆行驶顺畅;而出口流量超过此流量时,交通干扰突然增大,车辆行驶延误较长。

由交通仿真延误时间可知,当辅路流量为 600pcu/h 时,出口临界流量为 1200pcu/h;当辅路流量为 800pcu/h 时,出口临界流量为 1100pcu/h;当辅路流量为 900～1200pcu/h 时,出口临界流量为 900pcu/h;当辅路流量为 1400pcu/h 时,出口临界流量为 800pcu/h。

因此,在综合考虑辅路正常流量、延误时间及出口临界流量的基础上,单车道出口最大流量应控制在 900pcu/h 以下。

8.4.3 出口通行能力分析

出口通行能力分为理论通行能力和实际通行能力。理论通行能力的定义为:在道路、交通、环境和气候均为理想条件时,由技术性能相同的一种标准车辆,以最小的车头间距连续行驶,在单位时间内通过道路的某一断面的最大车辆数。这是一种理想状态下的道路通行能力。

出口及辅路附加车道路段的理论通行能力计算建立在最小车头时距的基础上,具体按式(8-14)计算。

$$C = 3600/h_{\min} \tag{8-14}$$

式中:C——理论通行能力(pcu/h);

$h_{\min}$——达到理论通行能力时相应的最小平均车头时距,按式(8-15)计算。

$$h_{\min} = t + 3.6 \times \frac{S + L_0 + L_{\text{veh}}}{v} \tag{8-15}$$

式中:t——驾驶员的最小反应时间(s),取 1.2s;

v——匝道设计速度(km/h);

L_0——安全距离(m),一般取 5～10m;

L_{veh}——车身长度(m),一般取 5m;

S——汽车的制动距离(m)。

对应于出口理论通行能力的定义,出口实际通行能力是指在一定的道路交通状况和环境及良好的天气情况下,单位时间内出口车道能够通过的最大车辆数。出口实际通行能力主要有两个影响因素:大车混入率及出口车道侧向净空。因此,出口实际通行能力按式(8-16)计算。

$$C_{\text{实际}} = C_{\text{理论}} \times f_{\text{SW}} \times f_{\text{HV}} \tag{8-16}$$

式中:$C_{\text{实际}}$——单车道出口实际通行能力;

$C_{\text{理论}}$——出口理论通行能力;

f_{SW}——出口车道侧向净空修正系数;

f_{HV}——大车混入率修正系数。

(1)大车混入率对出口通行能力的修正系数

大车由于车身长度及宽度较大,占用道路空间大,且一般大车行驶速度较低,当大车所占比例较高时,会严重影响路段运行速度,从而影响路段通行能力及服务水平。大车混入率对出口通行能力的修正系数见表8-13。

大车混入率对出口通行能力的修正系数　　　　表8-13

大车混入率(%)	10	15	20	30	40	50
修正系数 f_{HV}	0.88	0.84	0.81	0.77	0.74	0.72

（2）出口车道侧向净空对出口通行能力的修正系数

侧向净空的影响包括左侧安全净空的影响和右侧安全净空的影响。实际调查表明,当左侧安全净空和右侧安全净空小于某一数值时,会使驾驶员感到不安全,从而采取降速、偏离原行车路线的措施,增加了车辆碰擦两侧分隔带的概率。因此,当侧向净空不足时,应予以修正。相关研究给出了侧向净空对出口通行能力的修正系数,见表8-14。

侧向净空对出口通行能力的修正系数　　　　表8-14

侧向净空(m)	左侧净空		右侧净空		
	0.25	0.5	0.5	1.0	1.5
修正系数 f_{SW}	0.98	0.99	0.94	0.98	0.99

8.4.4 出口宽度分析

由交通延误分析可知,出口处临界流量为900pcu/h。若出口实际通行能力过小,则会减弱主线出口服务功能;若出口实际通行能力过大,超过出口临界流量,则对辅路交通干扰较大。因此,综合辅路流量及出口理论通行能力考虑,出口实际通行能力应保证在900~1000pcu/h之间。

大车混入率取15%,大车混入率修正系数为0.84,出口理论通行能力取1200pcu/h,左右侧向净空分别取0.25m及0.5m,相应修正系数分别取0.98及0.94,则根据式(8-16)可计算得到出口实际通行能力为：

$C_{实际} = 1200 \times 0.84 \times 0.98 \times 0.94 = 929(pcu/h)$

根据出口实际通行能力分析可知,出口宽度应控制在4.25~5m之间。

第 9 章 接入管理技术的应用

9.1 城市化地区干线公路出入口存在的问题

(1) 干线公路的出入口太多,间距过小

城市化地区的干线公路,随着道路两侧的经济发展越来越快,企业、工厂、居民小区在干线公路两侧开口增多,从而导致出入口间距过小,严重不满足干线公路交通转换的最小距离要求。

(2) 不同等级道路直接接入干道

由于城市化地区干线公路周围住宅区、商业区等两侧土地使用者的出行需求越来越强烈,导致很多支路、街道、建筑的出入口和道路直接相连,接入机动车、非机动车以及行人与干道上行驶车辆互相干扰,扰乱了干道上正常的行车秩序,缺乏严格的管理和统一的规划。

(3) 视距不足

视距是指驾驶员在道路上能够清楚看到前方某处的距离。道路上的行人和驾驶员最重要的安全保障就是安全的视距。城市化地区干线公路两侧开口密集且随意性很大,导致视距不足,视距三角形区域内存在遮挡物,从而形成安全隐患。

(4) 干线公路交叉口功能区内有出入口

城市化地区干线公路具有密集路网,干线公路与其他主要干道相交产生的交叉口较多,而道路两侧支路在交叉口功能区内较多的直接接入对交叉口车辆的出入转向功能影响严重。

9.2 道路接入管理技术

(1) 接入管理技术的定义与目的

道路接入是指车辆从道路两侧的用地(如单位、居民小区、商业中心等)汇入道路的直行交通流中,或者车辆从道路直行交通流中驶出,进入路侧用地。接入车辆与直行车辆以及道路上的行人和非机动车有可能发生交通冲突(图9-1),而交通冲突往往引起交通事故,因此道路接入点成为交通事故的易发区域。

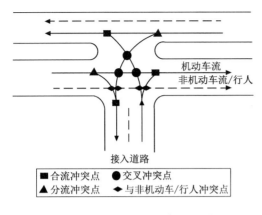

图9-1 道路接入点交通冲突点示意图

根据美国 Access Management Manual,道路接入管理有以下定义:道路接入管理是一种对接入车道、中央分隔带开口以及连接干道的支路进行系统管理与控制的方法,包括它们的位置、空间、设计以及操作方式;也涉及干道上中央分隔带几何形状、辅助车道以及交通信号灯安装位置的设计。道路接入管理的目的在于在不进行大量基础设施投资的前提下,为车辆提供一个高效快捷的出入道路两侧用地的方式,从而消除交通拥挤,改善交通安全,增加道路交通容量,减少交通延误。

(2)接入管理技术的意义

接入管理技术的应用可为不同的道路使用者(如机动车、自行车、行人)创造良好的交通环境,既能提高主干道的通行能力,又可降低交通事故率和死亡率,具体作用体现在以下三个方面:

① 合理的接入管理技术可以减少交通事故,提高道路的通行能力,减少出行时间和延误。
② 采用接入管理技术可以延长道路的使用年限,节约大量改建、扩建资金。
③ 接入管理技术不仅能够减少交通拥挤、提高公众的安全感,还可以美化环境。

常用的接入管理技术主要包括接入道路的关闭、出入控制、合并,中央分隔带的开口形式以及车辆的左转形式等,主要包含平面交叉口功能区接入管理、路段接入管理和交通流导入、导出方式三个方面的内容。

9.3 接入管理技术在城市化地区干线公路出入口的应用

9.3.1 平面交叉口功能区接入管理

公路平面交叉口区域的定义可分为交叉口物理区和交叉口功能区两种,如图9-2所示。交叉口物理区是指交叉道路的重叠部分,它以交叉口转角及相邻的所有边界为限。交叉口功能区是指交叉口物理区及其上游和下游车道的延伸。

(1)功能区内接入道路的关闭

在接入管理技术中,所有与交叉口直接相接的支路或次要道路统称为接入道路。理想状况下,在交叉口功能区范围内不允许有任何形式的接入道路存在。但在实际中,交叉口功能区内存在接入道路的现象相当普遍。在接入交叉口物理区附近,由于接入道路导致冲突点多而密集,会严重影响交通安全。所以有必要界定功能区内禁止接入的范围,在这一范围内不允许有接入道路。车流由路段进入交叉口,速度会由相对稳定变为逐渐波动,车辆速度差逐渐变大。可以通过速度差(一般取15km/h)作为控制参数来限定接入距离,即在车辆速度差大于某个数值时禁止任何接入。具体的长度取值建议对某交叉口进行现场测量调查来确定。

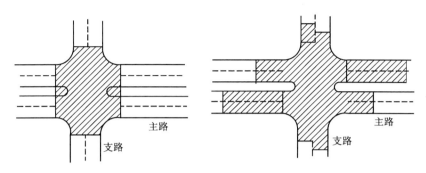

图 9-2 交叉口物理区与功能区

(2)功能区内接入道路的出入控制

当交叉口功能区内接入道路为双向道路时,根据主路交通量的大小对接入道路进行出入控制管理。出入控制方式主要有:禁止左进[图 9-3a)、b)]、禁止左出[图 9-3c)、d)]和禁止左进左出[图 9-3e)、f)]。主路没有中央分隔带的,可以设置渠化岛;主路已有中央分隔带的,对中央分隔带开口进行处理。根据交叉口具体交通特征,建议功能区内上游车道的接入道路禁止左进左出;功能区下游车道的接入道路则根据主路支路间的交通流状况禁止左出或左进。

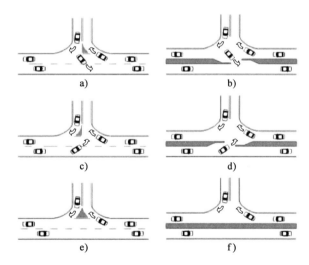

图 9-3 接入道路的出入控制

(3)功能区内接入道路的接入顺序

当交叉口的进口道两侧各有一个接入道路时,其接入交叉口的顺序不同会产生不同的交通冲突后果。在分析接入道路对主交叉口产生的交通冲突时,主要考虑主交叉口的交通流。正确的接入顺序是当主交叉口进口道上的车辆先经过左侧的接入道路,再经过右侧接入道路时,左转车辆之间不会产生交通冲突(图 9-4),而错误的接入顺序则会产生严重的交叉冲突(图 9-5)。因此,当交叉口某进口道两侧接入道路出现不合适的接入顺序时,建议将靠近主交叉口的接入道路关闭,重新设置到反向接入道路的下游,以减少对主交叉口的不利影响。

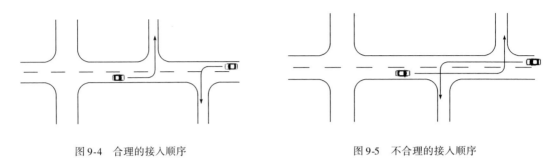

图9-4 合理的接入顺序　　　　　　　　　图9-5 不合理的接入顺序

(4) 功能区内接入道路的合并

若交叉口功能区内的接入道路或接入口过多过密,可以考虑将其合并,再将合并而成的道路对交叉口的接入口设置于功能区之外,尽可能地消除接入道路对主交叉口的冲突。通过这样的道路合并可以减少接入对主交叉口的不利影响。

9.3.2　路段接入管理

(1) 视距

虽然接入道路是一些功能等级比较低的道路,通常是一些连接居民生活区、工商业出入口的道路,起到衔接路网的作用,但是上述接入道路非机动车和行人较多,且道路使用人员遵守交通规则意识和安全意识较为薄弱,容易造成事故多发。因此,对一般路段主干道以及接入道路的视距提出了一定的要求。

①满足停车视距的要求

当道路上的车辆经过上个接入口驶向下个接入口时,如果发现前方有障碍物不能绕道而行时,必须采取制动措施。为了防止车辆制动后撞上障碍物,需要一定的距离,这一距离就是停车视距。

②满足引道视距的要求

《公路路线设计规范》(JTG D20—2017)规定,每条岔路上都应提供与行驶速度相适应的引道视距,引道视距在数值上等于停车视距。

③满足安全交叉视距的要求

《公路路线设计规范》(JTG D20—2017)规定,条件受限制不能保证由停车视距所构成的通视三角区时,应保证主要公路的安全交叉停车视距和次要公路至主要公路边车道中心线5~7m所组成的通视三角区。

(2) 接入位置

由主辅路出入口的间距可知,主辅路出入口中出口-入口类型所需间距最小,在用地比较紧张的地区,在处理接入道路与主辅路出口的位置时,可将接入道路放在主辅路出口和入口之间,如图9-6所示。

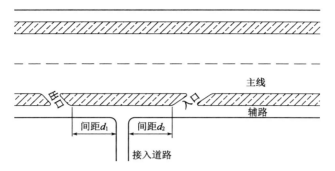

图9-6 接入道路与主辅路出入口位置示意图

第10章 干线公路城市化改造相关专业设计

10.1 道路工程

城市道路与干线公路相比,在路基路面方面的要求基本一致,如路基填料粒径的要求、路面结构的要求等。由于干线公路在城市化改造时特有的外部环境及断面形式的差异,亦有其特殊性,下面结合相关规范及工程实际着重探讨路基填料选择、软基处理等方面的不同。

10.1.1 路基设计

10.1.1.1 一般路基设计

(1)填料

与干线公路相比,城市道路路基土石方的取土点、弃土点应结合当地城市规划,兼顾土石方用量、土质类型、用地情况及运输条件等因素,合理选择取、弃土点;同时,路基设计应因地制宜,合理利用当地材料、工业废渣与建筑渣土。结合江苏省的情况,干线公路城市化改造过程中路基设计有如下特点:

①由于原有干线公路的路基相对较高,在城市化改造过程中为了与道路两侧地块衔接,会将原有路基下挖,这样就产生大量的挖方,且该部分挖方主要为老路路基路面结构层次,包括沥青混凝土、水泥稳定碎石或二灰碎石和灰土,对该部分挖方应通过试验合理利用,以降低工程造价。

②由于干线公路城市化改造后会新增非机动车道和人行道,同时机动车道宽度也会增加,因此干线公路城市化改造后的断面一般会比原有干线公路断面宽。原有干线公路两侧土方情况与新建道路有很大区别,主要是在新建道路时,道路两侧很大范围内清表后土方大部分可以作为路基填料,导致公路两侧有很多原有取土坑。随着城市的扩张,公路两侧居民越来越多,居民会将生活垃圾倾倒进取土坑形成很多暗塘,故在干线公路城市化改造过程中原有干线公路两侧的土方大部分不能作为路基填料。因此,在干线公路城市化改造过程中应对原有干线公路两侧土质情况做详细勘察。

《城市道路路基设计规范》(CJJ 194—2013)对路基填料最小强度的要求见表10-1。

填料最小强度 表10-1

路床顶面以下深度 (m)	填料最小强度(CBR)(%)		
	快速路、主干路	次干路	支路
0～0.3	8	6	5
0.3～0.8	5	4	3
0.8～1.5	4	3	3
>1.5	3	2	2

该要求主要是针对机动车道，城市道路断面一般都有非机动车和人行道，建议非机动车道参照次干路的要求，人行道参照支路的要求。

（2）压实度

《城市道路路基设计规范》(CJJ 194—2013)对路基压实度的要求见表10-2。

路基压实度要求 表10-2

项目分类	路床顶面以下深度 (m)	压实度(%)			
		快速路	主干路	次干路	支路
填方路基	0～0.8	96	95	94	92
	0.8～1.5	94	93	92	91
	>1.5	93	92	91	90
零填及挖方路基	0～0.3	96	95	94	92
	0.3～0.8	94	93	—	—

该要求同样是针对机动车道，对于非机动车道及人行道，《城市道路路基设计规范》(CJJ 194—2013)第4.6.2条第2款提出了相关要求："专用非机动车道、人行道，可按支路标准执行。"由于城市的扩张，干线公路两侧开发程度很高，但周边规划一般相对滞后，沿线居民区与干线公路衔接村道较多。在干线公路城市化后，沿线原有与干线公路衔接路口还需保留，但沿线侧分带开口较多会影响机动车的行车安全，因此侧分带开口会有一定的合并，非机动车道就要承担机动车道的功能。故建议非机动车道按次干路标准执行，人行道按支路标准执行。

10.1.1.2 特殊路基设计

特殊路基有很多类型，江苏省主要是软土路基，《城市道路路基设计规范》(CJJ 194—2013)对软土路基的设计已有明确的要求。结合干线公路城市化改造的特点及江苏省软基处理的经验，建议在干线公路城市化改造工程中优先选用加固土桩法和轻质路堤法。

《城市道路路基设计规范》(CJJ 194—2013)明确要求当采用粉喷桩加固软土地基时，深度不应超过14m，但对采用湿喷桩加固的深度没有明确要求。考虑环保的要求，目前加固土桩法主要采用湿喷桩加固。结合目前工程经验，同时参考《建筑地基处理技术规范》(JGJ 79—2012)中的要求，建议采用湿喷桩加固软土路基时，深度不宜超过20m。

《城市道路路基设计规范》(CJJ 194—2013)规定软土路基填筑采用的轻质材料主要为粉煤灰和泡沫聚苯乙烯。本书结合《气泡混合轻质土填筑工程技术规程》(CJJ/T 177—2012)及天津市市政公路管理局发布的《现浇泡沫轻质土路基设计施工技术规程》(TJG F10 01—2011),建议采用气泡轻质土。

气泡轻质土用于路基填筑应满足表10-3的要求。气泡轻质土重度等级应按湿重度划分,湿重度的允许偏差范围应符合表10-4的规定;强度等级应按抗压强度划分,抗压强度的每组平均值和每块最小值不应小于表10-5的规定。

气泡混合轻质土用于路基填筑的性能指标　　　　　　　　　　　　　表10-3

路床顶面以下深度（m）	最小强度等级		最小重度等级
	快速路、主干路	次干路	
0.3~0.8	CF0.8	CF0.6	W5
0.8~1.5	CF0.5	CF0.4	W3
>1.5	CF0.4		

气泡轻质土重度等级　　　　　　　　　　　　　表10-4

重度等级	湿重度 γ(kN/m³)	
	标准值	允许偏差范围
W3	3.0	$2.5<\gamma\leq3.5$
W4	4.0	$3.5<\gamma\leq4.5$
W5	5.0	$4.5<\gamma\leq5.5$
W6	6.0	$5.5<\gamma\leq6.5$
W7	7.0	$6.5<\gamma\leq7.5$
W8	8.0	$7.5<\gamma\leq8.5$
W9	9.0	$8.5<\gamma\leq9.5$
W10	10.0	$9.5<\gamma\leq10.5$
W11	11.0	$10.5<\gamma\leq11.5$
W12	12.0	$11.5<\gamma\leq12.5$
W13	13.0	$12.5<\gamma\leq13.5$
W14	14.0	$13.5<\gamma\leq14.5$
W15	15.0	$14.5<\gamma\leq15.5$

气泡轻质土强度等级　　　　　　　　　　　　　表10-5

强度等级	抗压强度 q_u(MPa)	
	每组平均值	每块最小值
CF0.3	0.30	0.26
CF0.4	0.40	0.34
CF0.5	0.50	0.42
CF0.6	0.60	0.51
CF0.7	0.70	0.59

续上表

强度等级	抗压强度 q_u（MPa）	
	每组平均值	每块最小值
CF0.8	0.80	0.68
CF0.9	0.90	0.76
CF1.0	1.00	0.85
CF1.2	1.20	1.02
CF1.5	1.50	1.27
CF2.5	2.50	2.12
CF5.0	5.00	4.25
CF7.5	7.50	6.37
CF10	10.00	8.50
CF15	15.00	12.75
CF20	20.00	17.00

路基容许工后沉降应符合表10-6的规定。

路基容许工后沉降（m） 表10-6

道路等级	工程位置		
	桥台与路堤相邻处	涵洞、通道处	一般路段
快速路、主干路	≤0.10	≤0.20	≤0.30
次干路、支路	≤0.20	≤0.30	≤0.50

非机动车道及人行道路基容许工后沉降建议参照次干路、支路标准执行。既有路基与拓宽路基拼接时，差异沉降引起的工后路拱坡度增大值应满足下列要求：

（1）当新建地面道路与人非系统之间有侧分带时，既有路基与拓宽机动车道路基间差异沉降引起的工后路拱坡度增大值不应大于0.5%；人非系统工后沉降满足表10-6的规定即可。

（2）当新建地面道路与人非系统之间共面时，整个拓宽路基与既有路基间差异沉降引起的工后路拱坡度增大值不应大于0.5%。

10.1.1.3 路基支挡防护设计

路基支挡防护主要包括坡面防护、沿河路基防护、挡土墙防护、边坡锚固、土钉支护及抗滑桩等形式，在平原地区城市道路中主要防护形式为坡面防护、沿河路基防护、挡土墙防护。挡土墙防护中主要采用轻型悬臂式挡土墙（图10-1）和扶壁式挡土墙。支挡防护设计应满足《城市道路路基设计规范》（CJJ 194—2013）的有关规定。

对于采用高架+地面形式的城市快速路，高架桥与地面道路之间的匝道路基段一般采用悬臂式挡土墙，且根据挡土墙高度不同，相关挡土墙断面尺寸不同。由于该路段挡土墙墙顶需设置与匝道桥一致的防撞护栏，且防撞护栏的底部尺寸是固定值，因此，为了方便施工，建议挡土墙墙顶宽度与防护护栏底部尺寸协调一致。同时考虑景观效果，墙面采用简洁的装饰处理，如图10-2所示。

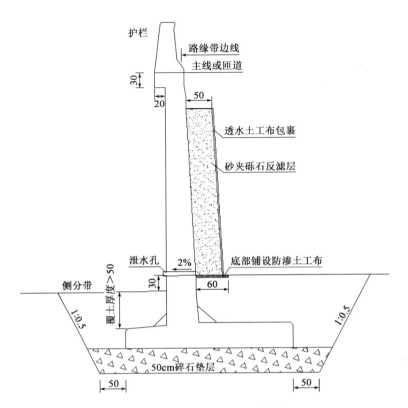

图 10-1 路基支挡防护示意图(尺寸单位:cm)

图 10-2 挡土墙外立面(干挂花岗岩处理)

10.1.2 路面设计

10.1.2.1 设计原则

(1)根据道路等级与使用要求,遵循因地制宜、合理选材、方便施工、利于养护的原则,结合本地条件与实践经验,对路面进行综合设计,以达到经济合理、安全适用的目的。

(2)柔性路面结构应按土基和垫层稳定,基层有足够强度,面层有较高抗疲劳、抗变形和抗滑能力等要求进行设计。结构设计以双圆均布垂直荷载作用下的弹性层状连续体系理论为基础,以沥青混合料层疲劳开裂、无机结合料层疲劳开裂、沥青混合料层永久变形量、路基顶面竖向压应变以及季节性冻土地区的路面低温开裂为设计指标。层间结合必须紧密稳定,以保证结构的整体性和应力传布的连续性。

(3)对现状老路路面进行检测,根据检测结果并综合总体方案、老路资料等最终确定老路利用方案。

(4)应具有行车安全、舒适和与环境、生态及社会协调的综合效益。

(5)应便于施工,利于养护,并减少对周边环境及生态的影响。

10.1.2.2 路面结构设计参数

路面结构设计采用双圆均布垂直荷载作用下的弹性层状连续体系理论进行计算。路面设计以双轮组单轴载100kN为标准轴载,用BZZ-100表示。标准轴载的计算参数应符合表10-7的要求。

标准轴载计算参数 表10-7

标准轴载	BZZ-100
标准轴载 p(kN)	100
轮胎接地压强 p(MPa)	0.7
单轮传压面当量圆直径 d(cm)	21.30
两轮中心距(cm)	$1.5d$

设计交通量的计算应将不同轴载的各种车辆换算成BZZ-100标准轴载的当量轴次。大型公交车比例较高的道路或公交专用道的设计,可根据实际情况,经论证选用适当的轴载和计算参数。

10.1.2.3 设计方案及比选

(1)面层材料比选

干线公路城市化改造后一般都是区域交通网络的重要组成部分,具备安全、高效、快捷的运输功能,此外还应具有美观、舒适的使用条件。沥青路面尽管造价较高,但能满足对行车舒适性和景观有要求或有分期实施要求的道路,而水泥混凝土路面在使用性能上具有明显的局限性,故通常采用沥青路面。

在沥青路面中,目前江苏省干线公路城市化改造中主要使用的沥青混合料有沥青玛琋脂碎石混合料(SMA)和高性能沥青路面(Superpave)沥青混合料两种。SMA的主要特点是具有较高的高温抗车辙能力、低温抗裂性能、耐疲劳性能及水稳定性等路用性能,而且能够保持良好的抗滑性能。Superpave沥青混合料采用旋转压实,故均匀密实,具有良好的高温稳定性和水稳定性,同时在造价方面与密级配沥青混凝土混合料(AC)相差不大。

目前江苏省常用路面结构组合形式如图10-3所示。

(2)基层材料比选

根据项目区域路面材料适用情况和以往的工程实践,可作为路面基层的材料主要有水泥稳定碎石、二灰碎石。

水泥稳定碎石以级配碎石作集料,采用一定数量的胶凝材料和足够的灰浆填充集料的空隙,按嵌挤原理摊铺压实。其压实度接近密实度,强度主要靠碎石间的嵌挤锁结。水泥稳定碎石的水泥用量一般为3%~5.5%。

二灰碎石基层为石灰、粉煤灰稳定粒料基层。它是在粒料中掺入适量的石灰和粉煤灰,按一定的技术要求,将其拌和均匀,摊铺的混合料在最佳含水率时压实,经养生成型的一种路面基层。其中石灰和粉煤灰为胶结材料,粒料起骨架作用。

图 10-3 江苏省常用路面结构组合形式

路面基层材料的比选见表 10-8。

基层材料比选 表 10-8

基层材料	优 点	缺 点
水泥稳定碎石	水泥稳定碎石初期强度高,并且随龄期增长很快结成板体,7d 无侧限抗压强度可达 1.5~4.0MPa,较其他基层材料高。有利于加快施工进度,在路面使用过程中弹性变形较小,使用时间长,承载力高,抗渗性和抗冻性好;养护条件简单,施工方便;遇雨不泥泞,表面坚实。目前在江苏省高速公路和城市道路中应用普遍,施工工艺及质量控制体系较完善	在施工及使用过程中,由于温度或湿度的交替变化,容易发生收缩开裂。当沥青面层较薄时,易形成反射裂缝,但可铺设应力吸收膜或土工合成材料,减少反射裂缝
二灰碎石	二灰碎石基层属于半刚性基层,具有一定的水硬性、缓凝性、板体性、抗裂性。施工方便,后期强度较高,造价稍低	早期强度低,抗磨性能差,耐疲劳性能、低温抗裂性能、防水性能相对较差,路面面层产生裂缝时易出现唧浆等现象,导致基层强度降低,加速路面破坏。近年来应用渐少

综上所述,二灰碎石强度低,且粉煤灰用量大,材料来源较困难,而水泥稳定碎石具有强度高、施工方便等优点,且使用较广泛。近几年的高速公路和城市道路多采用水泥稳定碎石作为路面基层材料。

10.2 桥隧工程

干线公路城市化改造工程中通常存在跨道路的高架桥和地面桥梁,其功能和技术要求略有差异,如高架桥通常对梁体美观、墩柱形式有特殊要求,地面桥梁在满足功能要求的同时还有人行道栏杆、铺装等景观要求。

10.2.1 高架桥设计

(1) 高架桥标准段结构形式选择

一般高架结构形式可选择简支结构桥面连续体系,亦可采用连续结构体系。简支结构体系可采用预制结构;连续结构体系可采用预制小箱梁简支变连续、等截面连续箱梁、变截面连续箱梁和钢箱梁、组合梁等。

根据桥梁结构设计原则,结合实用性、经济性、美观性、施工可行性以及总体方案的布置,对预制后张法预应力混凝土T梁、预制后张法预应力混凝土小箱梁、预应力混凝土连续箱梁等桥型方案进行结构受力、技术经济、施工及景观等方面的比较和分析。

①预制后张法预应力混凝土T梁

T梁结构是比较常用的结构形式,其设计和施工经验成熟,主梁为预制构件,可在工厂或现场预制,待主梁安装完毕后,浇筑现浇段将结构连成整体,如图10-4所示。T梁的优点是造价低,施工方便,对施工设备没有特殊要求,对于变宽段适用性强,结构性能和耐久性较好,跨越能力较强,最大跨径可达50m左右。缺点是其建筑高度较高,需设墩顶盖梁,景观效果稍差,纵、横梁密集交错,略显繁复。

②预制后张法预应力混凝土小箱梁

预制小箱梁结构简单,设计经验成熟,经济指标较低,结构刚度大,抗扭性能好,跨径较大,梁高适中,可在工厂和施工现场预制。小箱梁对于变宽段适应能力强,跨径范围一般在25～40m,最大可达50m。从工厂预制、运输、安装设备等方面考虑,35m以上吊装重量大,对设备要求高,预制梁重宜控制在150t以内。吊装可采用履带起重机或门式起重机以及大型架桥机,施工速度快,对地面交通影响较小,采用斜腹板形式,线形较美观、协调,但仍存在盖梁,对美观性有一定影响,如图10-5所示。

图10-4 预应力混凝土T梁

图10-5 预应力混凝土小箱梁

③预应力混凝土连续箱梁

连续箱梁多采用单箱单室或单箱多室结构,线形简洁、美观,受力合理,结构刚度大,行车条件好,可采用悬臂浇筑、移动模架浇筑、满堂支架或少支架浇筑等。中小跨径连续梁多采用满堂支架浇筑,施工便捷,对设备要求低。由于需搭设支架,对地面交通有一定的影响,但可通过施工期交通组织预留部分车道,形成通道以满足必要的交通需求。连续箱梁对变宽段适应性强,断面外形丰富,美观效果较好(图10-6),但造价略高。

图10-6　预应力混凝土连续箱梁

简支结构体系或简支变连续结构体系在造价上较连续结构体系便宜,施工速度较快,但简支梁体系无法避免桥墩盖梁结构,其外形比较累赘。小箱梁或T梁可采用牛腿支点、倒T盖梁等以减小盖梁的外露部分,但仍对桥梁纵向的线形流畅带来不利影响,从结构角度讲,牛腿支点对今后的养护也较为不利。连续结构体系虽造价较高,但行驶条件好,结构性能安全可靠,特别是连续整体箱梁线形流畅、协调,外形轻盈、美观,符合现代城市的发展需要,也体现了现代桥梁的建设水平。因此,连续整体箱梁结构是城市高架结构的首选形式。

(2)高架桥经济跨径选择

标准跨径的选择对工程造价、沿线景观、施工进度影响很大,应从城市景观、道路交通功能、桥梁结构受力性能和地质条件等因素综合考虑,选用经济适用的桥梁跨径。

对跨径为25m、30m、35m的现浇连续箱梁结合假定项目区域地质条件进行了工程造价比较,相同桥长造价比为1.01∶1∶1.02。结果表明,25m、30m、35m跨径的连续梁结构单位面积造价相当。在城市中布置30～35m跨径连续梁结构,不仅在外形上较美观、和谐,立柱间距不显狭小,通透感较强,而且跨径布置灵活,可基本满足大多数情况下的布墩要求。因此,一般项目推荐30～35m为高架标准段的主要跨径。

(3)高架桥桥下净空取用

目前各城市高架桥桥下净空的取值一般在5.5～12m之间。桥下净空不仅与功能要求有关,还对景观效果有较大影响。高架桥桥下净空的取用可从辅路建筑限界、辅路视觉感受、桥梁结构比例、工程造价四个方面来考量。

①桥下净空与辅路建筑限界

城市用地紧张,高架桥落墩条件较为苛刻,桥墩边缘往往紧贴辅路建筑限界的边缘,并且在墩顶尽量外扩以获得较大的支座间距。墩顶的外扩段不应侵入辅路建筑限界,这是确定桥下净空时首先需要考虑的因素。

假设地面辅路中央分隔带的标准宽度为7m,拟采用的高架桥标准墩的横向总宽为6.4m,按照推荐的桥墩外形,为满足辅路建筑限界,桥下净空应不小于7.3m。

②桥下净空与辅路视觉感受

当墩较矮时,桥下光线昏暗,感觉压抑、局促;桥下净空在7m以上时,方显舒适、大气。按照建筑学的观点,人的视角大于27°(高度/水平距离大于1/2)时才能消除对视觉的压迫感。图10-7为不同桥下净空所对应的辅路视角。

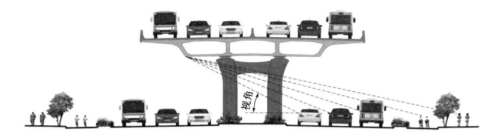

图10-7 不同桥下净空所对应的辅路视角

由表10-9可知,桥下净空在8m以上时,辅路行车道视角较好,非机动车道、人行道的视角相比低净空也有一定改善。

不同桥下净空所对应的辅路视角　　　　　　表10-9

桥下净空(m)	辅路行车道视角	辅路人非视角
5	9°~16°	6°~7°
6	12°~21°	8°~10°
7	15°~24°	10°~12°
8	18°~28°	11°~14°
9	20°~31°	13°~16°
10	23°~35°	15°~18°

③桥下净空与桥梁结构比例

据研究,桥梁的高跨比在1/3左右时,比例最为优美。高跨比过小,显得笨拙、呆滞、灵活度不够;高跨比过大,给人以不稳定感。

以30m跨径为基准,桥下净高为8~10m时高跨比为1/3.75~1/3,处于较为合适的水平,如图10-8所示。

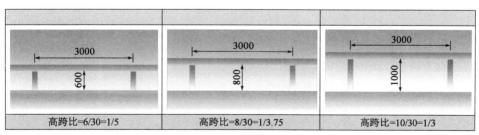

a)桥下净高6m　　　b)桥下净高8m　　　c)桥下净高10m

图10-8 跨径30m时不同净高所对应的高跨比(尺寸单位:cm)

④桥下净空与工程造价

不同净空对于建安费的影响主要体现在下部结构的工程量和上部结构的施工措施方面。由图10-9可知,净空增加一些,建安费的增量不显著。

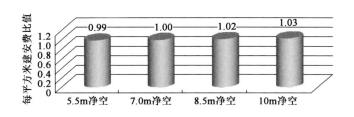

图10-9 不同净空建安费比较

综合以上因素,常见高架桥常规段的桥下净空推荐采用8~9m。

10.2.2 地面桥设计

现有干线公路桥梁一般采用预制通用结构。根据项目城市化改造总体方案以及桥梁的健康状态,地面桥改造大致可分为以下两种情况:

(1)总体改造方案采用高架+地面辅路的形式

若老桥经检测满足荷载要求,经过拓宽后可作为地面辅路加以利用。根据老桥长,改造方案可分为以下三类:

①桥跨径总长不大于35m,考虑老桥保留,可通过标准跨径直接跨过老桥。

②桥跨径总长在35~60m,考虑老桥保留,可通过等截面或变截面连续梁跨过老桥。

③桥跨径总长大于60m,考虑老桥保留,可通过主线高架分离避开老桥位,或通过老桥外设门式墩的方式跨过老桥。

若老桥经检测不满足荷载要求,可更换上部梁板或拆除重建。

(2)总体改造方案采用地面快速路+辅路的形式

如果老桥经检测能满足荷载要求,可以直接拓宽加以利用。随着国内多条高速公路拓宽工程顺利完成,国内预制结构拓宽技术也日趋成熟,在老桥原位拼宽施工方便、造价最省。如果老桥经检测不能满足荷载要求,可更换上部梁板或拆除重建。

10.2.3 桥梁景观设计

桥梁景观不仅与上、下部结构形式有关,还与附属设施、灯光亮化处理、外立面装饰等多种综合因素有关。因此,设计时需要考虑景观设计与总体协调。

(1)高架桥主体结构美学

高架桥上部结构体量大,其结构形式直接影响景观视觉效果。上部结构应力求利用丰富的线条对其进行艺术化的处理,使其有焕然一新的感觉。如镇江丁卯桥路改造项目中,结合项目自身特点及工期造价等因素,项目初期对多种箱梁断面形式进行比选,如图10-10所示。

a) 方案一：斜腹板大悬臂+H形墩
轮廓鲜明，协调美观，主线与匝道断面衔接顺畅，施工难度较小

b) 方案二：双弧形大悬臂箱梁+窗式墩
外形舒展，线条流畅，窗式墩造型新颖

c) 方案三：单弧形大悬臂箱梁+梯形墩
外形柔美流畅，主线与匝道断面衔接难度较大，施工难度较大

d) 方案四：斜腹板大悬臂+V形墩
轮廓鲜明，协调美观，对墩高变化适应性差

图 10-10　不同箱梁形式比较分析

(2) 高架桥附属结构美学

桥梁防撞护栏、桥头挡土墙等附属结构，其景观设计往往不被设计者重视。实际上它们是人们视线的直接感受物，因而成为桥梁景观的重要载体。通过改善它们在高架桥中的设置方式，可以提升高架桥整体景观效果。

①防撞护栏

防撞护栏形式及景观效果如图 10-11 所示。

②落地段桥下灰色空间改造、台后挡土墙装饰

城市高架桥路桥分界点一般填土高度按 3m 左右控制，台前桥下因空间受限，易成为垃圾空间或废弃空间，台后挡土墙则往往成为地面行车视点集中的部位。

台前桥下非绿化区域两侧可砌筑填充墙与台后挡土墙连为一体，构筑具有一定带宽的装饰空间，可采取石材干挂、铺装饰性模板、立体绿化等措施进行处理，也可将其改造为手绘或浮雕类文化墙，展现当地的风土人情、人文历史。桥台装饰形式如图 10-12 所示。

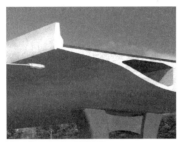  

a) 护栏 易养护　　b) 带花槽混凝土护栏 立体绿化，景观好　　c) 钢-混凝土组合护栏 通透、行车视野好

图 10-11　防撞护栏

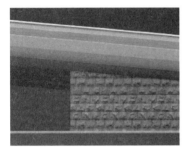 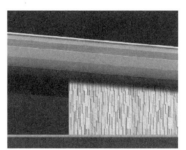 

a) 石材干挂　　b) 装饰性模板　　c) 文化墙

图 10-12　桥台装饰

(3) 地面桥梁立面装饰

地面桥梁多为梁式桥，而梁式桥虽有造型朴素、务实、经济、环保等特点，但外形却显得较为单调。如果加上适当的立面装饰，则可赋予梁式桥更多的景观元素，提升桥梁景观效果，如图 10-13 所示。

图 10-13　立面装饰

(4) 人行护栏选型

人行护栏是用来保障行人安全、防止坠落的一种必备的安全设施，也是与行人最接近的部分，其造型设计影响着桥梁的整体景观。目前多数桥梁护栏形式单一，缺乏美感。适当地配置与桥型风格及周围环境相协调的栏杆，如同画龙点睛，如图 10-14 所示。

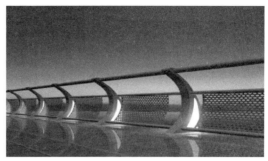

图 10-14　人行护栏

(5) 夜景设计

适当的景观照明既能满足桥面照明功能,同时也作为道路的重要景观,突出桥梁本身的美观形体,如图 10-15 所示。景观照明赋予桥梁一种具有特定文化内涵的艺术品位,使其在夜间更添灵动,全天候展示桥梁的魅力,深挖景观资源的潜力。

图 10-15　景观照明

10.2.4　高架桥施工方法

对于高架预应力混凝土连续箱梁方案,有多种施工方法可供选择,包括支架现浇法、悬臂浇筑法、移动模架浇筑法和节段拼装法等。

(1) 支架现浇法

在施工孔下架设支架,在支架上搭设模板,绑扎钢筋,现浇混凝土,张拉预应力钢束,施工完成后拆除模板和支架,施工二期恒载。可以采用满堂支架,也可以采用少支架,如图 10-16 所示。

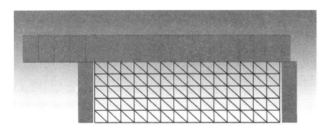

图 10-16　支架现浇法施工

(2)悬臂浇筑法

现浇墩顶 0 号节段,安装挂篮对称悬臂施工,在挂篮上安装模板、绑扎钢筋、浇筑混凝土、张拉预应力钢束;循环施工到最大悬臂长度后先后合龙边、中跨,如图 10-17 所示。

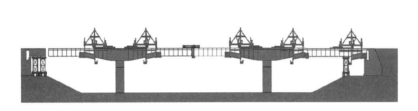

图 10-17 悬臂浇筑法施工

(3)移动模架浇筑法

可将移动支架系统固定在桥墩上,在支架上安装模板、绑扎钢筋、浇筑混凝土、张拉预应力钢束。混凝土达到强度后,支架系统前移到下一孔,逐孔循环施工。移动支架可以采用上承式,也可以采用下承式,如图 10-18 所示。

图 10-18 移动模架浇筑法施工

(4)节段拼装法

工厂预制混凝土梁节段,运梁车运输节段到现场,梁段吊装、定位后,张拉预应力钢束。节段拼装施工工艺多种多样,可因地制宜选用。根据节段预制工艺可分为长线预制和短线预制;根据运输方式可分为桥下喂梁和梁上喂梁;根据拼装工艺可分为节段导梁逐跨拼装(图10-19)、节段导梁悬臂拼装和节段支架拼装等;根据接缝连接方式可分为湿缝和干缝。

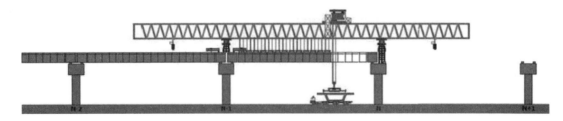

图 10-19 节段拼装法施工

10.2.5 桥梁施工期交通组织

干线公路为区域内重要道路,沿线搭接道路和企业出口较多,所选的施工方法需保障施工期必要的地面交通通行,减少对交通的影响。

支架现浇法作为较成熟可靠的一种高架桥施工工法,能适应全线各种桥梁结构。以下结合高架桥支架现浇法,分析常见的施工期间的交通组织。

(1) 标准段桥梁

假设现状道路全宽 50m,为保证高架桥施工期间能够维持交通,可采用挑臂式支架,支架在道路净空高度范围以内的宽度控制在 15m 左右,这样地面道路每侧可以保留两条行车道,如图 10-20 所示。

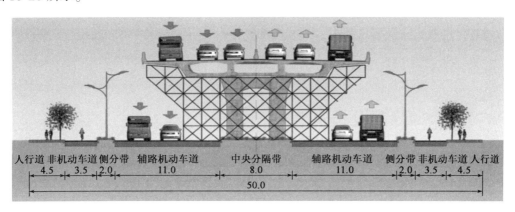

图 10-20　标准段桥梁施工示意图(尺寸单位:m)

(2) 主线-匝道分流处

支架开设纵向门洞供车辆通行,如图 10-21 所示。

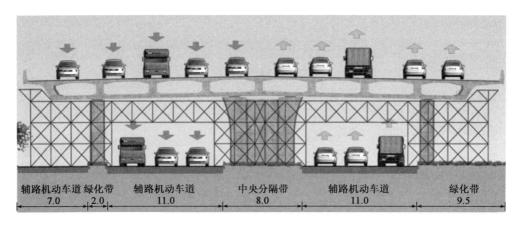

图 10-21　匝道处施工示意图(尺寸单位:m)

(3) 横向道路

在跨越横向道路时,可采用少支架,开设横向门洞,如图 10-22 所示。

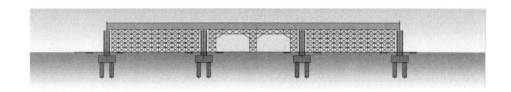

图 10-22　跨越横向道路施工示意图

（4）跨路口及河道的悬浇预应力混凝土连续梁

上跨横向道路的预应力混凝土连续梁结构采用悬臂浇筑法施工,以便不影响横向道路的地面交通以及横向地道的同步施工。

上跨河流预应力混凝土连续梁结构采用悬臂浇筑法施工,以便不影响过水断面及航运。

（5）地面桥梁

在拼宽老桥或重建新桥过程中,可通过合理的施工组织安排,分幅进行改造,以保证地面交通正常运行;也可在现状桥梁的两侧搭设便桥,主线高架桥与地面桥梁同时施工,以节省工期。

10.2.6　隧道工程设计

城市高架桥在某些情况下会影响城市景观,也会带来噪声污染,下穿隧道的方式在越来越多的干线公路改造中被采用。干线公路改造中,除隧道结构外,泵房排水、出入口和施工条件应重点关注。

（1）泵房设计

雨水泵房设置在隧道暗埋段最低点,出水口可直接接入市政管网。在隧道最低点设置两道横截沟,将敞开段雨水通过侧沟收集排入泵房内。隧道内一侧开门,供人员和设备进出。图 10-23 为泵房段横断面图。

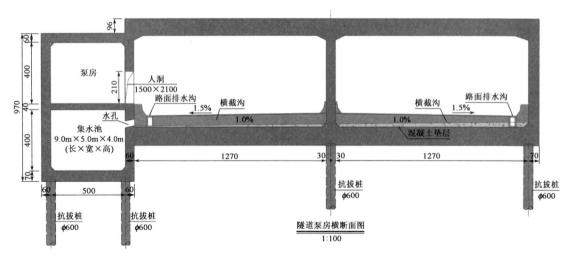

图 10-23　泵房段横断面图(尺寸单位:mm)

（2）洞口设计

一般城市隧道属于中、短隧道，洞口造型色彩不宜过强，一般推荐采用洞口造型较为简洁的方案，如图10-24所示。

图10-24　洞口设计造型

（3）基坑支护方案的选择

基坑开挖选择的支护结构常用形式有型钢水泥土搅拌墙（SMW）工法桩、地下连续墙、钻孔咬合桩、钻孔灌注桩+止水帷幕以及放坡开挖等。基坑支护结构技术经济比较见表10-10。

基坑支护结构技术经济比较　　　　　　　　　　　　　表10-10

项目	SMW工法桩	地下连续墙	钻孔咬合桩	钻孔灌注桩+止水帷幕	放坡开挖
地层适应性	适用	适用	适用	适用	适用较浅基坑
围护刚度	刚度较小，变形较大	刚度大，变形小	刚度较大，变形较小	刚度大，变形小	刚度较小，变形较大
止水效果	施工质量易保证，沿墙体无接缝，止水效果好	防水效果取决于墙接缝的质量，总体上防水效果好	桩间止水不易保证，对竖向垂直度要求较高，施工不到位容易产生漏水涌泥的问题	不起防水作用，需要另外施工止水帷幕	施工质量易保证，沿墙体无接缝，止水效果好
对环境影响	无泥浆污染	产生泥浆和噪声，对环境造成一定的污染	无须排放泥浆，近于干法成孔，机械设备噪声小、无振动	产生泥浆和噪声，对环境造成一定的污染	无泥浆污染
场地要求	开阔、空旷	较大	较小	较小	开阔、空旷
施工进度	施工速度快	施工速度快	施工速度慢	施工速度慢	施工速度较慢
造价	较低	高	较高	较高（含止水帷幕）	较低

10.3 排水工程

一般公路排水主要是指排除公路路面的雨水。平原地区公路一般路基较高,排水主要采用边沟排除和散排的形式;城市道路排水不仅仅是排除道路路面本身的雨水,还包括周边地块以及居民生活污水和生产废水,因此市政道路排水是城市排水系统的一部分,包含雨水排水和污水排水。一般城市道路排水遵循以下原则:

(1)排水体制为雨污水分流制。
(2)雨污水管道设计应符合城市排水规划要求并充分考虑现有体系。
(3)管线纵向设计应充分利用地形起伏,尽量减小管道埋深,降低工程造价。
(4)通过研究论证,采用新技术、新工艺、新材料,既要经济合理、安全可靠,又要适合工程建设的特点。

10.3.1 排水管道设计

城市道路的排水设计受区域控制性详细规划和排水专项规划的指导,管道在道路横断面下的位置、管道的流向、主要控制点的高程及污水管径等往往都要按照区域控制性详细规划和排水专项规划的要求来设计。

目前排水管材可选用混凝土管、硬聚氯乙烯(UPVC)双壁波纹管、玻璃钢管、低压聚乙烯(HDPE)管等。其优缺点比较见表10-11。

排水管综合性能比较　　　　　　　　　　　　　　　　　　　　表10-11

比较项目	混凝土管	UPVC双壁波纹管	HDPE管
管道性质	刚性管	柔性管	柔性管
管道粗糙系数	0.013	0.009	0.009
直径300mm管最小坡度	0.003	0.002	0.002
管道适合埋深(m)	<12	<4	<6
结构、理化性能	刚性好、不易变形、均匀沉降性能差、不耐冲击、受压易破损、漏水、易堵塞、不耐腐蚀、耐寒性差	柔性好、易变形、均匀沉降性能好、耐冲击、不易漏水、不易堵塞、耐腐蚀、耐磨、耐寒性好、接头少	柔性较好、变形量较小、均匀沉降性能好、耐冲击、不易漏水、不易堵塞、耐腐蚀、耐磨、耐寒性好、接头少
软土地基管基类型	混凝土基础	砂砾基础	砂砾基础
施工难易程度	重、搬运、施工难	轻、搬运、施工容易	轻、搬运、施工容易
适合的施工范围	大管径、顶管	小管径、开挖	小管径、开挖
综合造价	小管相当,大管低	小管相当,大管较高	小管相当,大管高

10.3.2 细节设计

10.3.2.1 雨水口设计

雨水口常用形式如图 10-25 所示。

a)平箅式

b)侧顶联合

c)侧箅式

图 10-25 雨水口设计示意图

10.3.2.2 高架排水设计

高架排水设计包含桥面雨水口和落水管设计,雨水口前面已有叙述。现对高架落水管布置方案进行分析比较。

高架桥雨水立管设置一般分为外置和内置两种形式。

(1)内置落水管:采用钢制落水管,管道全部布置在箱梁和墩柱内部,此种做法由于落水管不可见,具有景观效果好的优点。缺点在于管道布置在箱梁和墩柱内部,对钢筋的布置影响较大,施工较麻烦;由于管道存在转角,加之管道直径较小,导致管道易堵,且清通困难。

(2)外置落水管:采用 UPVC 管,沿箱梁和桥墩内侧布置,如图 10-26 所示。其优点是施工简单,便于管理维护;缺点在于景观效果较内置落水管差。

考虑以上两种方案的优缺点,一般采用外置落水管。

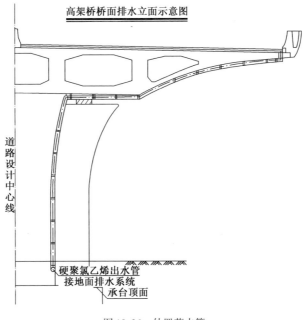

图 10-26　外置落水管

10.3.2.3　超高段设计

部分道路由于转弯半径不够存在超高现象,道路排水一般根据道路宽度、景观要求等考虑采用加密雨水口、中(侧)分带开口等方式处理。一般来说,等级较高的市政道路建议采用在中分带不开口、在中分带中设置雨水管的方式;无中分带或等级不高的道路采用在低的一侧加密雨水口的方式。

10.4　管线综合工程

道路网构成了城市的骨架,随着城市化进程的发展,人口增多,城市扩大,既有干线公路两侧往往形成了服务性管线走廊,由于缺少管线统一规划,各管线产权部门建设时序也不统一。干线公路城市化改造中,既要保护现有管线,以最大限度地降低对现有生产生活的影响,还要在受限的空间内对规划需求管线进行合理布设,故管线综合设计成为公路城市化改造设计的重点。

10.4.1　管线平面设计基本要求

(1)减少交通干扰

城市工程管线原则上应布置在人行道、非机动车道或绿化带下。管线应力求线形顺直、路径短和适当集中。

(2）减少管道穿越道路

设计时应尽量减少管线间的横穿,尽量减少转弯,除雨污水管线外,其余管线如需穿越道路应尽量集中过路,使管线之间及管线与道路之间尽量减少交叉。

(3）管线平面最小间距

应根据各类管线的不同特性和设置要求综合布置,避免影响建筑物安全,防止管线受腐蚀、沉陷、振动及重压,管线间距符合《城市工程管线综合规划规范》(GB 50289—2016)的要求。

(4）困难条件下管线处理

工程管线之间最小水平净距及垂直净距应符合《城市工程管线综合规划规范》(GB 50289—2016)的规定。部分管线受道路宽度、断面以及现状工程管线位置等因素限制难以满足要求时,专业管线设计时应根据实际情况采取安全保护措施。

10.4.2 管线竖向综合设置基本要求

(1）工程管线埋设深度

给水管线埋设深度通常为1.0～1.5m;污水管线在道路上的最小起始埋设深度应控制在2.0～2.5m;雨水管线在道路上的最小起始埋设深度应控制在1.6～2.0m;电力管最小覆土深度在人行道及绿化下应控制在0.5m,在行车道下应控制在0.7m;通信排管最小覆土深度在人行道下应控制在0.6m;燃气管最小覆土深度应控制在0.7m,再生水管最小覆土深度应控制在0.7m。以上管线在道路上的具体埋设深度应进一步结合道路管线综合规划确定。

(2）管线避让原则

当工程管线竖向位置发生矛盾时,宜按下列原则进行避让处理:新建管线让已建管线,临时性管线让永久性管线,小口径管线让大口径管线,压力流管让重力流管,易弯曲管让不易弯曲管,分支管让主干管,技术要求低的管线让技术要求高的管线。

(3）管线垂直间距控制及交叉处理

根据《城市工程管线综合规划规范》(GB 50289—2016),一般市政管线之间的最小垂直净距为0.15m,个别管线(如电力管沟)与其他管线的最小垂直净距为0.5m。如管线在高程上不能满足规范要求,应进行避让处理。

由于污水和雨水管线均为重力流管,因此,设计时应严格控制排水管线的控制点高程,在满足受水范围接管要求的情况下,尽可能减小管道埋深,在提高经济效益的同时,为其他管线提供宝贵的高程空间。对于其他压力流管,按照由上而下,先电力、通信后燃气、给水等合理布局,遵循管线避让原则,加强竖向协调,避免相互干扰。

10.5 附属工程

10.5.1 交安工程

干线公路交通安全设施设计要从宏观、整体路网上考虑,服务对象以车为主,而在城市范围内道路的服务对象更为广泛,标志标牌指引范围则较小,服务于区域内部交通,且市政道路交通安全设施更加侧重于细部处理及行人安全。

(1)指路标志

指路标志的主要作用是引导陌生的驾驶员顺利到达目的地。干线公路跨不同城市、不同省份,所以在干线指路标志板上,路线名始终是首要的,其次才是地点名。由于干线公路里程长,这就要求指路板上的信息具有统一性、连续性、重复性。干线公路城市段指路标志应根据城市特点、路网设施布局、道路等级、几何条件、交通状况、道路使用者需求等进行设置,要求对城市服务组团和路网转换的指引明确,同时应与区域内的城市道路指示系统相关联,如有些城市市政道路标志板道路名称需标注拼音。同时市政道路更加考虑市容,所以要求标志牌的整体设计更加美观,与周边环境相协调,与整个城市主题相呼应。并且公交车道等特殊内容需在标志板上显示,设计更加灵活。

(2)标线

干线公路标线设计主要考虑行车安全性,而市政道路标线设计更加侧重于行人安全。城市行人多,交通量大,交通流向更加复杂和多变。在进行交叉口标线设计时要配合标志牌设计并充分考虑行人过街的安全性。

(3)护栏

干线公路护栏设计主要分为中央分隔护栏和路侧防撞护栏两大类。干线公路防护护栏主要以波形梁护栏、混凝土墙式护栏为主,以实用性和安全性为主。而市政道路护栏包括防撞护栏、分隔护栏、人行护栏等,不仅考虑实用性和安全性,还要兼顾护栏的美观性。

(4)交通信号灯、交通监控设施

相比干线公路,市政道路交通信号灯设置要重点考虑城市行人和公交优先的原则,应根据城市早晚高峰期有不同的调整和控制,更加灵活。交通信号灯和交通监控设施更加密集,需要统一管理和控制。

10.5.2 景观绿化

(1)两侧带

公路景观绿化设计中考虑两侧林带的宽度,市内以 6~15m 为宜,市外以 15~30m 为宜。城市道路受用地限制,无法在路侧带布置较宽林带。

(2)立交

公路立交对线形要求高于城市道路,相应的景观绿化设计优先级略低于道路线形指标,有特殊要求的景观道路除外。城市道路设计速度低于公路,为提升城市形象更加注重景观绿化,其优先级应当高于道路线形指标。

(3)与管线间距要求

城市道路与公路明显的区别是城市道路需要细化考虑管线影响,在景观绿化中亦是如此。城市道路景观绿化与管线等设施的布设应符合表 10-12 ~ 表 10-15 的要求。

树木与架空电力线路导线的最小垂直距离　　　表10-12

电压(kV)	1～10	35～110	154～220	330
最小垂直距离(m)	1.5	3.0	3.5	4.5

树木与地下管线外缘的最小水平距离　　　表10-13

管线名称	至乔木中心距离(m)	至灌木中心距离(m)
电力电缆	1.0	1.0
电信电缆(直埋)	1.0	1.0
电信电缆(管道)	1.5	1.0
给水管道	1.5	—
雨水管道	1.5	—
污水管道	1.5	—
燃气管道	1.2	1.2
热力管道	1.5	1.5
排水盲沟	1.0	—

树木根颈中心至地下管线外缘的最小距离　　　表10-14

管线名称	至乔木根颈距离(m)	至灌木根颈距离(m)
电力电缆	1.0	1.0
电信电缆(直埋)	1.0	1.0
电信电缆(管道)	1.5	1.0
给水管道	1.5	1.0
雨水管道	1.5	1.0
污水管道	1.5	1.0

树木与其他设施的最小水平距离　　　表10-15

设施名称	至乔木中心距离(m)	至灌木中心距离(m)
低于2m的围墙	1.0	—
挡土墙	1.0	—
路灯杆柱	2.0	—
电力、电信杆柱	1.5	—
消防龙头	1.5	2.0
测量水准点	2.0	2.0

10.5.3 环保工程

道路建设必然影响环境，高等级公路城市化改造施工、运营期造成的环境问题会更严重。

(1)施工期的环境影响。由于工程占用沿线土地或临时用地，改变了沿线生态环境，路线经过的居民住房及供电、水利等设施需迁移。同时，工程施工还破坏了沿线森林、土壤和植被。

（2）运营期的环境影响。主要是汽车噪声和尾气，对沿线环境和空气质量产生影响。

施工期和运营期的尾气等污染通常通过施工管理和运营管理缓解，噪声的控制通常需要在工程中采取措施来解决，如图10-27所示。

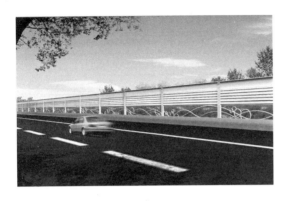

图10-27　噪声控制设施

10.5.4　其他配套设施

随着城市化率的不断提高，公路逐步向城市道路演化，其人行及过街设施、公交站台、照明、无障碍设计等应当区别于普通城市道路。

10.5.4.1　人行及过街设施

（1）人行设施

干线公路城市化改造过程中，人行道宽度可参考《城市道路工程设计规范（2016年版）》（CJJ 37—2012）中人行道宽度的规定取值，可通过调查计算行人的通行能力，同时考虑沿线埋设的管线情况，在原有基础上进行调整。

（2）人行横道

人行横道的基本通行能力为信号灯绿灯小时行人通行能力。通常干线公路高峰小时流量较小，计算得出的人行道横道宽度较小，为使人行道宽度不显得过于狭窄，取下限值为2.0m。

（3）天桥、地道

通常天桥造价低于地道，根据道路出入口的交通组成和流量的大小，综合考虑采用以何种方式过街。

10.5.4.2　公交站台

干线公路城市化改造过程中，设计速度依然高于市区城市道路，通常设置港湾式公交站台以减少与邻近车道的交通冲突，提高通行能力。具体尺寸可参考《城市道路工程设计规范（2016年版）》（CJJ 37—2012）中公交站台的设计。站台配套设施可根据候车人数和平均候车时间进行配置，确保配套设施的使用性。

10.5.4.3 照明

具体参照《城市道路照明设计标准》(CJJ 45—2015),光源的选择应与国家相关政策法规结合,体现我国能源及环境可持续发展的战略思想。

10.5.4.4 无障碍设计

具体参照《无障碍设计规范》(GB 50763—2012)执行,突出体现以人为本的理念。

第 11 章 干线公路城市化改造工程仿真评价

11.1 交通安全评价

11.1.1 交通安全评价手段及方法

道路交通安全既是一个技术问题,也是一个社会问题,不仅涉及交通基础设施等技术经济因素,还与机动化水平等社会经济因素有关。道路交通安全评价自然也包括两个层面的含义,即宏观评价和微观评价。

道路交通安全宏观评价的目的在于研究交通安全水平与经济发展、机动车保有量、人口及其构成等相关因素的关系,对被评价对象的交通安全状况做出客观的判断,并在此基础上制定宏观的技术和政策方面的道路安全性改善对策。不少国家将宏观层面上的道路安全问题列入国民健康范畴进行研究。

道路交通安全微观评价则着重研究道路、交通及环境因素与交通事故的关系,从不同角度分析影响道路安全、引发交通事故的各种具体因素,为改善道路交通安全状况制定技术与政策措施。

11.1.1.1 国内外宏观评价方法综述

半个多世纪以来,国内外学者一直致力于解决道路交通安全的宏观评价问题。综合已发表的众多文献资料,国内外对交通安全的宏观评价方法可归纳为四种,即相对事故率法、时间序列分析法、回归分析法和综合事故率法。其中前三种主要由国外学者提出,第四种由我国学者提出。

(1)相对事故率法

描述交通事故及其后果的统计指标众多,最常用的有事故次数、死亡人数、受伤人数和直接经济损失等。因此,一个很自然的也是最简单的方法就是直接用这些指标对各个对象的交通安全状况进行评价和比较。在国际比较研究中,通常以事故死亡人数作为基础。这是因为各个国家对其他指标(如交通事故和事故受伤等)的定义不尽相同,缺乏可比性。然而,由于各个国家的面积、人口、经济发展等相差巨大,直接采用事故死亡人数的绝对数进行比较显然也是不合理的。为此,经常将交通事故死亡人数与一些相关指标(如机动车保有量、人口、运行车公里、路网长度、事故次数等)联系起来,得到一系列相对死亡率。所谓相对事故率法,是指以相对死亡率作为指标,对交通安全水平直接进行评价和比较的方法,其中应用最广泛的指标为十万人口死亡率和亿车公里死亡率。

这一方法的缺点在于,采用不同的评价指标得到的结果不相同,甚至互相矛盾。产生这一矛盾的原因在于,被比较对象的道路交通状况不同。假如各对象在机动化水平(辆机动车/千人)、出行率(千公里×辆/人)、交通密度(辆/公里)等方面都具有可比性,则无论采用哪一个指标,相对事故率法都应当得到相同的结果。然而,这种理想条件几乎是不可能实现的。同时,又没有充足的理由说明各个统计指标孰优孰劣。因此,用相对事故率法对交通安全水平进行评价和比较不能得到明确的结论。

(2)时间序列分析法

时间序列分析法是一种纵向比较的方法,即以事故率随时间的变化情况作为交通安全水平评价的指标。其中最具代表性的是欧波的研究成果,即所谓的"学习心理模型",如式(11-1)所示。

$$R_t = e^{at+b} \tag{11-1}$$

式中:R_t——第 t 年的车公里死亡率;

t——时间;

a、b——常数。

由于交通事故随时间的变化通常是非线性的,因此用这种方法得出的评价结果与所选取的基准年份和时间跨度密切相关。而如何正确选择基准年及时间跨度,是一个很难回答的问题。

尽管时间序列分析法存在上述缺陷,但是当只有交通事故的各种绝对数而无法获得相对事故率时,它仍不失为一个可用的方法。特别是对于分析本国或本地区交通事故的变化趋势,时间序列分析法还是相当有用的。当不同国家的交通事故统计数据具有相同的变化趋势时,它也可以用于国家间的比较研究。

(3)回归分析法

众所周知,交通事故与一系列影响因素密切相关,运用数理统计学的基本原理和方法,可以得到它们之间的经验关系式。所谓回归分析法,是指采用以往的事故统计资料与主要影响因素间的回归方程进行道路交通安全水平评价的方法。其中最著名的是史密德教授的研究成果。史密德根据 20 个发达国家 1938 年的交通事故统计数据,应用回归分析方法,于 1949 年提出了如下描述交通事故死亡人数与人口数和机动车保有量之间关系的回归方程:

$$UFT = 0.0003 BVK^{2/3} KFZ^{1/3} \tag{11-2}$$

式中:UFT——以 30d 为基准的交通事故死亡人数;

BVK——人口数;

KFZ——机动车保有量。

该公式得到了国际社会的认可。大量研究表明,直到 20 世纪 70 年代中期,这一公式与绝大多数国家的实际情况都是基本相符的。然而,自 20 世纪 80 年代开始,该公式受到了新的挑战。由于世界范围内的不懈努力,交通事故数量有了大幅度的下降,该公式对于当前发达国家的情况已经完全不适用了。

(4) 综合事故率法

综合事故率法是我国的研究者于20世纪80年代中期提出来的,主要有两种类型,即经验法和强度法。该两种类型并没有本质的区别,都是通过一个"综合事故率"来评价交通安全水平。其主要区别在于综合事故率的定义和计算方法以及考虑的因素不同。

由于影响交通安全的因素众多,并且这些因素各自的量纲不同,对交通安全影响的程度也不相同,因此计算出来的综合事故率缺乏明确的物理意义,并且计算模型中参数的选取也缺乏严谨的科学依据,致使上述两种方法的应用都受到了限制。尽管如此,这种综合考虑各影响因素的研究思路仍然有不少可取之处。

11.1.1.2 国内外微观评价方法综述

(1) 基于事故统计的评价方法

基于事故统计的道路安全评价方法是一种以交通事故数据为基础、以数理统计分析为工具的方法。对采集到的交通事故数据按不同的相关因素进行分类统计,利用数理统计相关方法得出拟合事故模型,从而找出相关规律,得出相应的结论。

(2) 基于速度一致性的评价方法

该方法是以速度为媒介,认为速度是公路、交通等条件的表征,然后把公路分成若干路段、平面交叉等,对它们的速度进行预测,通过相邻路段的速度差来分析设计方案中公路条件相对较差的点段。由于运行速度这个媒介相对比较好测量,易于开展工作,因此在目前得到更多的青睐,国外研究成果比较丰富,国内也有一些研究成果。

速度一致性是指道路几何线形设计与驾驶员所期望的保持一致,而且符合安全操作车辆能力极限特征的要求。一般具有以下两个方面含义:①运行速度与设计速度一致性;②相邻路段运行速度一致性。

对于运营中公路,可以实测速度;对于设计方案,可以根据《公路项目安全性评价规范》(JTG B05—2015)附录B进行高速公路、一级公路的运行速度预测。

(3) 基于冲突的评价方法——交通冲突技术(TCT)

基于交通冲突技术的评价方法是一种以交通冲突技术为基础的评价方法。交通冲突是指交通行为者在参与道路交通过程中,与其他交通行为者发生相会、超越、交错、追尾等交通遭遇时,有可能导致交通损害危险发生的交通现象。交通冲突与交通事故的成因和发生的过程基本相同,特别严重的交通冲突和事故之间有良好的相关性,使得采用冲突进行安全评价和预测成为可能。

交通冲突技术主要应用于已有道路,尤其适用于平面交叉安全改进前后交通冲突的观测结果的分析对比。如果用事故数据进行对比分析,则需要有足够长的时间进行事故数据的积累。

(4) 基于交通仿真的评价方法

交通安全仿真技术主要分为微观交通流仿真技术、交通事故计算机仿真技术和驾驶模拟技术三种。其中微观交通流仿真技术是以驾驶行为、车辆跟驰行为、转换车道行为三个基本模型为核心,通过模拟交通流中各个车辆的运动过程,达到对交通流中流量、速度、密度、延迟等特征参数量化的目的。交通事故计算机仿真技术是指通过计算机再现交通事故的发生、发展过程的技术。它的基本理论与指标体系建立在交通事故案例分析、汽车碰撞力学分析以及碰撞的实验室研究所获得的参数与模型的基础上。驾驶模拟技术主要是对驾驶员的驾驶行为进行研究。信息处理过程是驾驶行为的重要环节,而信息处理过程可度量的外在表象是驾驶行为的工作量。驾驶工作量体现出"驾驶任务"的强度和频度等,它对于行车安全具有显著的影响,可以衡量并评定路段的安全性能。

11.1.1.3 微观评价方法优劣

本书主要研究的是干线公路城市化改造交通安全,因此采用的评价方法为微观评价。上述各种微观评价方法各有利弊。

（1）基于事故统计的评价方法

基于事故统计的评价方法由于交通事故生成特点与统计周期过长等缺陷的客观存在,常常使得这一评价体系的质量尤其是小区域地点的安全评价的效度和信度不尽如人意。其弊端主要可概括为:

①事故瞬间发生的不可观测性影响事故信息收集的真实性;

②事故的稀有性导致安全评价的周期延长;

③事故的随机性导致安全评价的信度降低;

④事故过程的不可重现性影响安全对策的准确性。

由于传统的事故统计评价理论方法普遍存在的小样本、长周期、大区域、低信度的缺陷,因此,仅以交通事故统计样本作为道路交通安全评价的基础和制定交通改善措施的依据,就明显地表现出一定的不适应性。

（2）基于速度一致性的评价方法

《公路项目安全性评价规范》(JTG B05—2015)中运行速度一致性以及协调性评价存在一定的局限。根据其附录中的计算模型,需要将评价路段分为平直路段、纵坡路段、平曲线路段和弯坡组合路段等若干个分析单元。其纵坡路段定义为"坡度大于3%的路段",平曲线路段定义为"半径小于1000m的路段"。因此,对于平原微丘区高等级道路,由于其线形条件比较好,其大多数路段在计算模型中体现为平直路段,利用运行速度法对其进行评价,往往得出其相邻路段设计速度与运行速度之间速度一致性良好的结论,不能够很好地检验出黑点路段。

（3）基于冲突的评价方法——交通冲突技术(TCT)

基于交通冲突技术的评价方法虽然避免了大量交通事故数据的采集,但也存在下列缺点:

①在观测获取交通冲突样本时必须耗费大量的人力。

②以交通冲突技术为基础的现场勘测,主要受调查人员的主观判断、调查时间、地点和交通情况等变化因素的影响。

③该方法通常只能对已有道路进行评价,对规划中的道路或新建道路,由于没有交通冲突样本,无法进行安全评价。

（4）基于交通仿真的评价方法

基于交通仿真的评价方法是指在对道路进行三维建模的基础上,在三维道路模型中设定不同交通量大小及比例的交通流,通过驾驶模拟器模拟车辆在道路上的行驶,从而对道路交通安全进行评价。其优点主要包括以下三点：

①该方法不仅可以用于已有道路,也可以用于方案设计阶段的未建道路,从而优化相关道路设计。

②该方法安全性好,通过驾驶模拟器模拟车辆在道路上的行驶,避免了实地现场试验,具有较高的安全性。

③该方法可以假定道路上不同交通量大小以及比例的交通流,从而对不同服务水平下的道路进行评价。

该方法也存在一定的不足,即通过驾驶模拟器模拟车辆在道路上的行驶不能给驾驶员在真实道路上行驶的紧张感和代入感,室内外试验的一致性有待商榷。

11.1.1.1.4　干线公路城市化改造道路交通安全评价方法

在城市化地区,由于其传统干线公路的服务区域以及服务车次特性等都发生了较大的变化,因此需要对其进行城市化改造。对于进行了城市化改造的干线公路,其设计、运营过程中的道路交通安全情况需要进一步通过一定的手段和方法进行评价,以便为以后的干线公路城市化改造工程提供一定的借鉴和参考。

（1）评价对象

本次评价的对象为苏虞张快速通道改造工程。

苏虞张快速通道改造项目改造范围起自苏州绕城高速公路(K16+525),经过相城区,常熟辛庄镇、尚湖镇,至张家港境内,与340省道相交,路段全长42.274km。全线改造范围总长为38.149km。其中,相城区段为4.117km,常熟市为21.642km,张家港市为12.390km。

全线主要采用地面式快速路,全部控制出入,主线消除平面交叉。主线采用一级公路标准,设计速度100km/h,部分城镇路段(K826+370.6~K829+129.416)采用80km/h来进行控制。辅路采用三级公路设计标准,设计速度40km/h。

（2）评价方法

由于本次道路交通安全评价主要内容为道路、交通及环境因素,因此,本次评价为微观评价。鉴于项目路段为平原微丘区的高等级公路,且通车时间不是很长,因此评价方法主要采用交通仿真评价方法。此外,本次道路交通安全评价指标采用驾驶员的生理、心理指标,该指标可以参数化,便于定量分析研究。

考虑到交通仿真评价方法的优缺点,本次评价采用室外试验评价以及室内试验评价,室外试验主要用于与室内试验的一致性进行对比分析,室内试验主要用于不同服务水平下的道路交通安全评价。

11.1.2　室外试验设计及数据采集

运用生物反馈仪收集现场驾驶试验时驾驶员的生理参数,分析苏虞张公路特定交通流条件对驾驶员生理、心理的影响,以及一般路段平面线形、纵断面线形和横断面形式对驾驶员生理、心理的影响。重点分析主线下穿通道、平交口、辅路出入口等特殊路段的驾驶员生理、心理变化情况。从驾驶员生理、心理角度出发,对道路交通条件存在的安全隐患进行分析,并对几种出入口形式的安全性进行比较。

11.1.2.1 驾驶员生理、心理反应的理论基础和可行性

驾驶员行车过程是一个信息交换与控制的过程,车辆及交通环境状态信息是驾驶员决策驾驶行为的基本依据。在此过程中,驾驶员受到自身一系列生理、心理因素的制约和外部环境的影响。如当汽车驶入危险路段或受到干扰而使交通情况复杂化时,驾驶员往往神经紧张。这个变化会从驾驶员的反应时间、理解与处理信息的能力及判断的错误概率中反映出来。

通常情况下,驾驶员心理与生理变化互相影响,密切相关,生理特征变化往往可以反映心理变化。如驾驶员出现心理紧张情绪时,生理上就会表现出心跳加速、呼吸量增大、出汗过多、脸部发红等,相应地就会出现注意力、判断能力、视觉敏锐性下降,视野变窄,脉搏加快,血压上升,动作配合失调等。由于人体在心理学上的抽象性,为了研究心理变化这一模糊现象,研究人员往往用一些生理特征变化加以鉴别。

研究表明,心理紧张或疲劳等引起的人体生理变化,可以通过心电、脑电、皮电、肌电等测量值定量描述。将此原理应用于行车中的驾驶员上,就能定量研究驾驶员的心理紧张度、疲劳状况等变化情况。

因此,采用生理检测设备对驾驶员心理负荷进行检测,进而作为公路安全性评价参考和判断的依据具有可行性。

11.1.2.2 试验设计及数据采集

选取苏虞张公路(永昌泾大桥至340省道段)作为试验道路,收集整理道路设计资料,获得道路线形指标数据,构成基础数据库,作为该路段基于驾驶员生理、心理安全评价的基础工作。

(1)试验前期准备工作

主要选取与苏虞张公路相交道路等级较高的、周围集镇比较密集的道路交叉进行调查。选取的主要节点见表11-1。

调查节点选取　　　　表11-1

序号	交叉桩号	被交路名	道路现况	规划道路等级	与本项目交叉方式	备注
1	K17+435	凤北荡路	二级,16m	一级主干路	主线下穿菱形互通	
2	K18+287	凤北路	二级,15m	二级主干路	主线上跨菱形互通	
3	K20+506	聚峰路	二级,12.5m	二级公路	支线下穿分离立交	
4	K24+816	杨湘公路	三级,7m	县乡道路	主线上跨分离立交	
5	K27+411	张杨公路	二级,14m	二级公路	主线下穿菱形互通	
6	K31+143	342省道	二级,16m	一级公路	主线上跨互通立交	已有练塘互通
7	K41+680	王张公路	6.5m	交通性干线公路	主线上跨菱形互通	
8	K49+761	凤凰大道	主干道,26m	城市主干道	主线上跨菱形互通	
9	K51+365	双龙路	次干道,15m	城市次干道	接辅路	
10	K52+160	创业路	次干道,9m	城市次干道	接辅路	

续上表

序号	交叉桩号	被交路名	道路现况	规划道路等级	与本项目交叉方式	备注
11	K54+798	锡张高速公路	高速公路,34.5m	高速公路	主线上跨互通立交	
12	K58+798	340省道	一级,43m	一级公路	平交口	

全线共采集车辆行驶速度702个,其中,主线小车行驶速度347个,大车行驶速度175个;辅路小车行驶速度139个,大车行驶速度41个。经计算,其v_{85}分别为87km/h、70km/h、65km/h、57km/h,见表11-2。

主线、辅路 v_{85}　　　　表11-2

v_{85}(km/h)	主　线			辅　路		
	小车	大车	综合	小车	大车	综合
	87	70	83	65	57	62

对主线、辅路交通量以及组成进行调查。经计算,得到主线每小时每车道交通量为792pcu/(h·ln),辅路每小时每车道交通量为188pcu/(h·ln);主线大小车组成比例为小车72%、大车28%,辅路大小车以及非机动车组成比例为小车61%、大车18%、非机动车21%。具体见表11-3。

主线、辅路交通组成　　　　表11-3

主线交通组成		辅路交通组成		
小车比例(%)	大车比例(%)	小车比例(%)	大车比例(%)	非机动比例(%)
72	28	61	18	21

苏虞张一级公路设计速度为100km/h,局部受条件限制的路段采用80km/h,根据《公路路线设计规范》(JTG D20—2017)对一级公路服务水平分级的规定,苏虞张一级公路主线的设计服务水平为三级。

苏虞张一级公路辅路按三级公路标准建设,设计速度为40km/h。经调查,苏虞张一级公路辅路车辆行驶速度v_{85}为62km/h,行驶速度普遍高于设计速度。经分析,这是由于辅路交通量较少,车辆处于自由流状态,因此行驶速度较高。非机动车所占比例为21%,大车比例为18%,非机动车所占比例较高。

(2)试验目的

研究的主要目的是检测在道路三级服务水平条件下,驾驶员驾驶特定车型在该路段行驶时生理参数的变化情况。

①研究在道路三级服务水平条件下对驾驶员生理、心理反应的影响;

②研究一般路段平、纵面线形以及不同横断面形式对驾驶员生理、心理反应的影响;

③研究不同交叉类型对驾驶员生理、心理反应的影响。

(3)试验过程

被试人员驾驶特定车型的小车,由起点永昌泾大桥行驶至终点张家港,再返回。驾驶过程中携带生物反馈仪,采集驾驶员的生理数据,同步记录车辆行驶速度,并用摄像机从驾驶员视角采集全试验过程录像。

(4)生理参数采集仪器

采用加拿大 Thought 公司生产的五通道多参数生物反馈仪(图 11-1、图 11-2)。它能同时检测肌电(EMG)、脑电(EEG)、心电(EKG)、皮电(SC)、血容量搏动(BVP)等生理参数,小巧方便,便于携带,适用于驾驶员处于动态的行车条件。因驾驶员行车时身体各部位相对静止,所以在行车试验中仪器及其检测的数据都较稳定。

图 11-1 五通道生物反馈仪

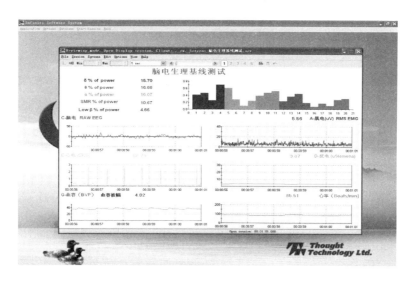

图 11-2 生物反馈仪数据采集界面

(5)驾驶员心电指标

心电(EKG)的一个主要指标是心率(HR)。心率是指心脏每分钟跳动的次数。心脏的搏动是受交感和副交感这两种自主神经的支配而变动的,但又受自律神经中枢系统紧张状态的影响而变化。安静状态下成年人的平均心率为 75 次/min 左右,有一定的个体差异,随年龄、性别及生理情况的不同在一定范围内变动,一般为 60~100 次/min。成年人中,女性的心率稍快于男性 3~5 次/min。同一个人安静或睡眠时心率较慢,运动或情绪激动、精神紧张时心率较快。因行走、跑动等增加负荷的影响,其心率可达 100 次/min 或更高。这种心率的升高,与人的作业强度、紧张程度成正比,并且与呼吸、循环机能保持着密切关系。针对某一作业,研究其作业环境、作业强度对生理产生的负担程度时,多采用观测心率的变化来进行分析。作业时脉搏舒张,并随着作业负荷的变动而变动,所以心率的变动是衡量人体承受负荷大小的一个非常重要的指标。

因此,采用心电指标即心率(HR)作为驾驶员生理、心理负荷试验研究的主要生理参数,用于研究某些特定瞬间(如超车等)的驾驶员的紧张状况。

(6)驾驶员脑电指标

脑电(EEG)是大脑神经元突触后点位的综合,是大脑神经电活动产生的电场经容积导体(由皮层、颅骨、脑膜及头皮构成)传导后在头皮上的电位分布。脑电图反映了大脑组织的电活动及大脑的功能状态。

脑电波按照频率分成四种主要节律:α 波、β 波、θ 波和 δ 波。

α 波的频率为 $8 \sim 12 Hz$,在正常人清醒安静、不做定向思维时出现,是人类脑电的基本波形之一。α 波在初睡或初醒时出现(即半睡半醒时),此时身体处于放松状态,并有自觉的警觉意识。

β 波的振幅较小,频率为 $14 \sim 30 Hz$,在睁眼、思考问题或接受其他刺激时出现。β 波的出现一般代表大脑皮层的兴奋。

θ 波是低频率($4 \sim 8 Hz$)、高幅度的慢波;δ 波是低频率($0.5 \sim 4 Hz$)、高幅度的慢波。其中,δ 波在睡眠时出现;θ 波在困倦时出现,它是中枢神经系统抑制状态的表现。

因此,在本次试验研究中将脑电波作为驾驶员生理、心理反应的另一个重要依据,其中 β/α 值可用于表征较长路段范围内驾驶员的警觉情况。

11.1.2.3 一般路段驾驶员生理、心理反应分析

路线的平面、纵断面和各个横断面是道路的几何组成。因此,道路的平面线形、纵断面线形以及横断面形式对驾驶员的生理、心理有较大的影响。

(1)平面线形对驾驶员生理、心理反应的影响分析

一般认为,直线是道路最安全的线形,但是过长和过短的直线都存在安全隐患。直线过长可导致驾驶员反应迟钝、感知力下降,乏于调节车辆的行驶状态。从心理学的角度看,人在路途中都有一种以自我为中心,想尽快到达目的地的潜意识。在长直线上行驶,驾驶员会放松警惕,不断加速行驶,时间太长会产生催眠现象。短直线给驾驶员造成的心理影响会使驾驶员判断失误,在短直线段仍按前一曲线段汽车行驶轨迹的曲率保持转角弯度,导致汽车行驶轨迹严重偏离行车道。

平曲线路段是事故的多发路段,驾驶员的操作复杂性会增加,同时由于横向力的存在,会使驾驶员的舒适感下降,对汽车的安全行驶产生不利影响。随着车辆逐渐驶入平曲线中点,驾驶员的视线盲区会增大。这些都会导致驾驶员生理、心理的变化,会使驾驶员感到紧张。驾驶员行车时应保持情绪上的适度紧张,但过度紧张会导致操作的速度和准确性受到很大影响,给行车带来极大的威胁,是造成交通事故的一个重要原因。据统计,公路平曲线路段的事故率与平曲线半径大小存在负相关关系,尤其是当半径小于 $400m$ 时。

由于项目路段平面指标良好,平曲线半径较大,不存在小偏角,且没有较短或较长的直线

段,因此并未发现明显由平面线形造成的驾驶员紧张、催眠等状况。但通过直线段与曲线段的驾驶员脑电 β/α 值对比(图 11-3),发现曲线段的 β/α 值要略高于直线段,即曲线段的驾驶员警觉性要略高一些,但未达到明显的紧张状况。

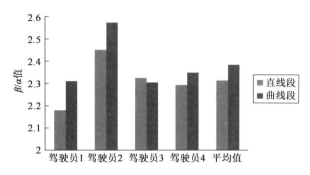

图 11-3　直线段与曲线段的驾驶员脑电 β/α 值对比图

从图 11-4 也可以看出,半径越小,β/α 值越大,驾驶员警觉性越高。当半径小到一定程度时,就会出现驾驶员紧张状况。

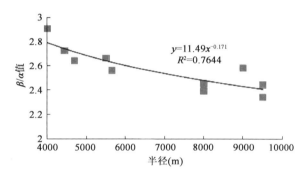

图 11-4　曲线段的驾驶员脑电 β/α 值和半径散点图

(2) 纵断面线形对驾驶员生理、心理反应的影响分析

车辆在纵坡上行驶时,无论上坡还是下坡对交通安全都有直接影响。尤其是长大纵坡除了会造成制动过热失效、"开锅"等车辆机械故障之外,还会对驾驶员的生理和心理造成很大影响。据统计,下坡方向的事故要比上坡多,且当纵坡坡度大于 6% 时,行车事故率明显超出平均事故率,见表 11-4。

道路纵坡与交通事故率的关系　　　　表 11-4

道路纵坡(%)	2	3	4	5	7	8
交通事故率(次/百万车辆公里)	1	1.5	1.75	2.5	3	10

上坡时,凸曲线会减少驾驶员的视距,驾驶员会比较谨慎,不敢轻易加速。车辆在爬坡过程中,驾驶员的视野也是朝斜上观察前方的车辆,当车辆快到达凸曲线的顶部时,驾驶员的视距受到极大的限制,甚至出现一小段的盲区。上坡时,纵坡对驾驶员生理、心理的影响主要是由视距减小引起的,视距越差,对驾驶员生理、心理影响越大。

下坡在较小坡度上行驶时,车辆有明显的加速过程,这时驾驶员心理紧张度也略有增加。随着坡度的增加,重力分量引起下坡行驶车辆的加速度越来越大,驾驶员在这样的纵坡条件下,心里的紧迫感也越来越强,被迫采取制动降低车速,心理紧张度减弱。下坡时,纵坡对驾驶员生理、心理的影响主要是由坡度和车速引起的,坡度越大、车速越高,驾驶员越紧张。

苏虞张公路地处平原地区,除下穿通道外,全线纵坡值较小,不超过3%,大部分小于1%。一般路段,竖曲线指标均衡、良好。

图 11-5 为曲线段的驾驶员脑电 β/α 值和纵坡值散点图,从中大致可以看出,纵坡越大,β/α 值越大,驾驶员警觉性越高,但区分不是特别明显。

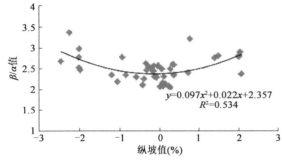

图 11-5　驾驶员脑电 β/α 值和纵坡值散点图

(3)横断面形式对驾驶员生理、心理反应的影响分析

项目苏州段、常熟段除部分路段设置辅路外,横断面形式基本为两块板双向四车道。张家港段为双向六车道,且两侧均设置辅路。

单向双车道时,大小车混行,跟车情况严重,导致超车需求增多,且非机动车干扰较大。复杂的交通流和道路条件极大地增加了驾驶员的心理负荷。心理紧张度长时间处于较高的水平,容易导致驾驶员精神疲劳,不利于行驶安全。

单向三车道且设置辅路时,大大减少了路段上车辆的冲突。大车一般行驶于外侧的两条行车道,小车在中间行车道和内侧超车道上行驶,大小车冲突减少,大大缓和了交通流冲突引起的驾驶员心理紧张。辅路不仅消除了主线机动车与非机动车的冲突,还避免了等外公路直接接入主线所造成的冲突。

11.1.2.4　特殊路段驾驶员生理、心理反应分析

特殊路段是指路线交叉路段,包括平面交叉口、简易菱形互通(主线下穿和支线下穿)等。这些特殊路段也是事故多发路段,因此有必要重点分析特殊路段的驾驶员生理、心理反应。

(1)主线下穿路段驾驶员生理、心理反应分析

项目全线共设置了7处主线下穿通道,纵断面线形指标相对较低。

当驾驶员以主线期望速度行驶时,看到限速80km/h的标志后大部分驾驶员会采取适当的减速措施,这时驾驶员心率略有增长;经过通道起点后,驾驶员发觉坡度较大,在控制车速的时候更加谨慎行驶,心理紧张度加大,心理负荷激增,这时对驾驶员的生理、心理影响很大,心率增长率为50%~100%;到达通道底部之前,驾驶员心理紧张度逐渐恢复,心理负荷减小;经过通道底部,上坡阶段驾驶员有加速倾向,但受视距限制,仍比较谨慎,不敢轻易加速,驾驶员的心理处于较高的警觉水平;在接近通道终点时,视距良好,驾驶员迫切加速直至主线期望速度,驾驶员的生理、心理反应逐渐恢复。图 11-6 为主线下穿通道驾驶员心率-速度典型分布图。

(2)支线下穿路段驾驶员生理、心理反应分析

项目全线设置两处支线下穿,即凤恬路下穿和长江路下穿。两处下穿的主线纵坡分别为0.13%和0.31%,纵坡较小,与一般路段无明显区别,驾驶员一般不易察觉,对驾驶员的生理、心理影响较小。由于在进入交叉口之前设置了黄灯闪烁和减速标志,驾驶员在通过支线下穿

交叉口时的生理、心理反应类似于无信号交叉口。行驶速度平稳略有下降,驾驶员心率增长不是特别明显,如图 11-7 所示。

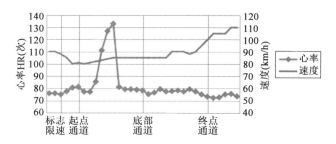

图 11-6　主线下穿通道驾驶员心率-速度典型分布图

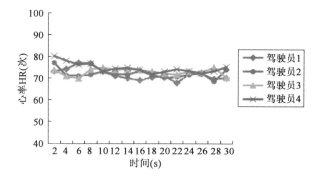

图 11-7　支线下穿路段驾驶员心率分布图

(3) 平交口路段驾驶员生理、心理反应分析

项目主线全线消除平面交叉口,将所有的平面交叉口转移到相交道路与辅路之间。全线共设平面交叉口 23 处,皆为信号交叉口。根据对交叉口车速的分析可知,车辆进入交叉口后驾驶员会突然减速,减速度可达 $2.5 m/s^2$,极端时甚至有 $4 m/s^2$,对驾驶员的生理、心理造成很大影响。

图 11-8 是信号交叉口路段驾驶员心率-速度典型分布图,可知当车速急剧降低时,驾驶员心率会突增,然后逐渐缓和。试验结果分析表明,进入信号交叉口的减速过程中,驾驶员心率增长率与减速情况有关,一般为 30%～50%。

通过对特殊路段驾驶员生理、心理反应的分析,得出主线下穿通道、信号交叉口对驾驶员的生理、心理影响较大,支线下穿对驾驶员的生理、心理影响较小。

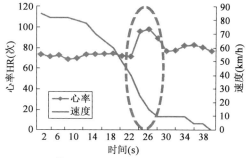

图 11-8　信号交叉口路段驾驶员心率-速度典型分布图

借鉴日本研究人员的研究成果,当驾驶员的心率增长率不超过 20% 时,不会明显感到紧张;超过 30% 时,心里较为紧张,容易发生事故;超过 40% 时,心里会很紧张。驾驶员通过主线下穿通道和部分信号交叉口路段时,达到了很紧张的心理状态。

11.1.2.5 室外试验结论分析

对苏虞张一级公路进行室外生理、心理驾驶试验,对一般路段以及特殊路段驾驶员的生理、心理进行分析,得到以下结论:

(1)主要考虑公路平、纵线形条件以及横断面形式对驾驶员生理、心理反应的影响。平面线形的主要影响因素有直线段长度、平曲线半径,纵断面线形的主要影响因素有视距、纵坡大小及长度。理论分析和试验结果都证实了项目在三级服务水平下一般路段平、纵线形对驾驶员的生理、心理影响较小,安全性较好。

(2)通过两种横断面形式对驾驶员生理、心理影响的比较分析,推荐双向六车道且两侧均设置辅路的横断面形式。该横断面形式不仅可以减少冲突,提高安全性,而且对驾驶员的生理、心理影响较小。

(3)通过对特殊路段驾驶员生理、心理反应的分析,发现主线下穿通道、信号交叉口对驾驶员的生理、心理影响较大,支线下穿对驾驶员的生理、心理影响较小。

11.1.3 室内外试验一致性分析

通过日本Forum8公司推出的UC-win/Road软件对苏虞张公路(永昌泾大桥至340省道段)进行道路平纵横三维建模,并在三维道路上导入相应的仿真交通流,将三维道路模型以及仿真交通流导入驾驶模拟器中,试验人员在模拟器中进行室内驾驶模拟,通过模拟器自带的驾驶员日志记录器以及多参数生物反馈仪进行行车数据记录与驾驶员室内驾驶模拟的心理负荷记录。室内驾驶模拟场景如图11-9所示。

图11-9 室内驾驶模拟场景

(1)室内试验设计

由于UC-win/Road软件进行道路三维建模时,建模区域最大只能为20km×20km的正方形,而苏虞张快速通道全线44.9km,因此不能一次性对整条道路进行建模。若分开建模并进行两次室内驾驶模拟仿真试验,与室外试验一次性驾驶完成不尽相同,从而导致驾驶员的心理状态不同,因此不具有室内外试验一致性分析的可比性。

根据苏虞张快速通道平纵缩图CAD文件以及主线与相交道路的下穿、上跨情况,苏州—

张家港方向前 20.2km 基本包含各种类型的特殊路段,因此,本次室内道路建模生理、心理试验选取苏虞张快速通道前 20.2km(苏州—张家港方向)进行。

(2)室内试验数据处理

生物反馈仪可以将原始数据以记事本的格式导出,由于试验仅需了解被试者每一秒的生理、心理参数值,而生物反馈仪以 1/8s 采集与记录数据,故需对原始试验数据进行处理,通过整理,求得每秒的均值,并将其导入 Excel 中。另外,根据 UC-win/Road 软件自带的驾驶员日志功能,将道路的里程桩号与生理、心理参数均值对应起来,如图 11-10 所示。

以每秒 8 个样本的采样率导出通道数据。						陈程	试验场景	苏虞张北段第一段
试验参数								
时间(s)	δ波	θ波	α波	smr波	心率	行车里程	smr波/α波	行车里程
1	45.096	24.566	8.318	7.236	0	55.84	0.86992065	55.84
2	32.424	22.613	9.957	6.238	99.821	55.84	0.62649392	55.84
3	38.11	18.574	10.267	6.624	74.113	55.84	0.64517386	55.84
4	35.027	21.163	10.74	6.585	138.067	55.84	0.61312849	55.84
5	33.556	18.95	10.847	6.687	138.067	55.84	0.61648382	55.84
6	30.659	19.461	11.078	6.802	40.797	55.84	0.61400975	55.84
7	27.619	17.758	11.132	7.207	78.467	55.84	0.64741286	55.84
8	27.027	17.805	11.233	7.346	78.568	55.84	0.65396599	55.84
9	26.327	18.627	11.049	7.481	158.965	55.84	0.67707485	55.84
10	26.144	18.587	10.722	7.261	87.025	55.84	0.67720575	55.84
11	25.741	18.287	10.857	7.35	90.154	55.84	0.67698259	55.84
12	24.833	17.842	11.031	7.34	87.96	55.84	0.66539752	55.84
13	24.234	17.946	11.006	7.376	84.745	55.84	0.6701799	55.84
14	23.615	17.329	10.958	7.202	144.395	55.84	0.65723672	55.84
15	23.47	17.285	10.824	7.174	85.571	55.84	0.6627864	55.84
16	23.72	17.111	10.91	7.324	87.211	55.84	0.67131072	55.84
17	23.249	16.915	10.97	7.435	90.888	55.84	0.67775752	55.84
...	...	...	...	...	...	...	...	...
849	21.779	16.616	12.435	7.862	76.561	19791.11	0.63224769	19791.11
850	21.767	16.612	12.432	7.86	71.818	19819.8	0.63223938	19819.80
851	21.758	16.613	12.43	7.859	73.625	19846.17	0.63226066	19846.17
852	21.75	16.605	12.426	7.856	143.888	19872.18	0.63222276	19872.18
853	21.747	16.605	12.426	7.852	107.225	19896.51	0.63190085	19896.51
854	21.753	16.599	12.424	7.851	146.81	19916.85	0.63192209	19916.85
855	21.743	16.597	12.424	7.85	88.722	19935.58	0.6318416	19935.58
856	21.743	16.598	12.425	7.85	83.877	19953.93	0.63179074	19953.93
857	21.746	16.59	12.424	7.85	88.467	19972.88	0.6318416	19972.88
858	21.748	16.602	12.424	7.848	86.353	19993.24	0.63168062	19993.24
859	21.755	16.61	12.425	7.85	83.992	20013.25	0.63179074	20013.25
860	21.756	16.612	12.422	7.855	72.796	20033.78	0.63234584	20033.78
861	21.758	16.61	12.425	7.856	69.502	20054.63	0.63227364	20054.63
862	21.752	16.607	12.424	7.856	71.029	20075.03	0.63232453	20075.03
863	21.748	16.605	12.42	7.853	73.012	20095.39	0.63228663	20095.39
864	21.734	16.602	12.419	7.857	78.82	20116.01	0.63265963	20116.01
865	21.724	16.601	12.421	7.854	78.921	20137.14	0.63231624	20137.14
866	21.726	16.603	12.42	7.854	85.156	20158.46	0.63236715	20158.46
867	21.731	16.599	12.42	7.853	87.584	20181.05	0.63228663	20181.05
868	21.731	16.597	12.418	7.857	83.252	20203.69	0.63271058	20203.69

图 11-10 部分原始试验数据

同理,对室外生理、心理试验数据做相似处理。

(3)一致性分析生理、心理指标选择

室内外试验生理、心理数据处理后得到的生理、心理指标有心率(HR)、脑电(α 波、β 波、θ

波和δ波)的平均值。由于每个人的基础心率不尽相同,且每个人的心率对不同的道路环境、交通环境的敏感度不一,随机波动性较大,从而导致进行试验数据处理时存在较大的伪差。而由上节可知,β/α值可用于表征较长路段范围内驾驶员的警觉情况,且β/α值比较稳定,个体差异性不大,因此选用β/α值作为室内外试验一致性分析的生理、心理指标。

(4)室内外试验一致性分析

通过对室内外试验驾驶员的生理、心理指标β/α值比较分析可知,虽然室内外驾驶时驾驶员β/α值的绝对值不一样,但是其波动的规律是相似的,具有很好的一致性,如图11-11所示。

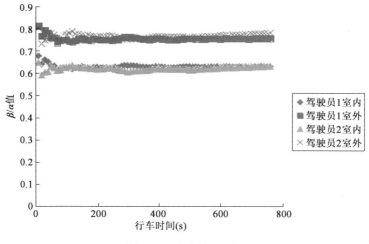

图11-11 室内外β/α值

因此,利用UC-win/Road进行道路三维建模,并导入设定的交通量以及交通组成进行道路交通安全评价是可行的。

11.2 工程仿真评价

11.2.1 虚拟现实技术综述

11.2.1.1 虚拟现实技术简介

虚拟现实技术是一种近年来逐渐崛起的新技术,也称灵境技术或人工环境,它利用计算机模拟产生一个三维空间的虚拟世界,给使用者提供视觉、听觉、触觉等感官的模拟,让使用者如同身临其境一般,可以及时、没有限制地观察三维空间内的事物。该技术集成了计算机图形技术、计算机仿真技术、人工智能技术、传感技术、显示技术、网络并行处理技术等最新发展成果,是一种由计算机技术辅助生成的高技术模拟系统。

虚拟现实技术包括硬件和软件两个部分。硬件是指虚拟环境得以实现的硬件设施,包括计算机服务器、显示器、环绕屏幕、数据手套、数据鼠标等一系列旨在帮助使用者能够拥有更真实感受的设备。软件是指操作这些硬件设备具体实现虚拟环境的机器语言编码。虚拟现实技术有两大特点——感官和人机交互,其中人机交互是区别虚拟现实技术和普通多媒体技术的关键所在。

从技术的角度来说,虚拟现实系统具有下面三个特征,即三个"I"——Immersion(沉浸)、Interaction(交互)和Imagination(构想),它强调了在虚拟现实系统中的人的主导作用。从过去人只能从计算机系统的外部去观测处理的结果,到人能够沉浸到计算机系统所创建的环境中;从过去人只能通过键盘、鼠标与计算环境中的单维数字信息发生作用,到人能够用多种传感器与多维信息的环境发生交互作用;从过去的人只能从以定量计算为主的结果中得到启发从而加深对事物的认识,到人有可能从定性和定量综合集成的环境中得到感知和理性的认识从而深化概念和萌发新意。总之,在未来的虚拟系统中,人们的目的是使这个由计算机及传感器组成的信息处理系统尽量去"满足"人的需要,而不是强迫人去"凑合"那些不是很亲切的计算机系统。

目前虚拟现实技术的应用主要通过视觉体验来完成,而除了视觉以外的其他感觉的体验相对较少,这主要是由于目前计算机的硬件还无法满足虚拟环境的模拟要求。除了视觉以外,在某些虚拟现实模拟中,还有音响设备、力反馈设备、数据手套设备等可以部分满足用户的听觉、触觉等要求。

虚拟现实系统可分为三大类:桌面虚拟现实系统、沉浸式虚拟现实系统和分布式虚拟现实系统。所谓桌面虚拟现实系统,主要是指采用普通的计算机显示器来表现虚拟环境的系统,这种系统由于价格便宜、容易获得,所以被广泛应用于工程设计制造、医疗模拟等方面;所谓沉浸式虚拟现实系统,一般是指使用数据头盔让用户得到更强烈沉浸感的虚拟现实系统;而分布式虚拟现实系统则是使用网络将多个虚拟现实客户端连接在一起的系统。

11.2.1.2 虚拟现实技术在道路工程建设中的应用

虽然目前虚拟现实技术的应用主要通过桌面虚拟现实系统以及用户的视觉体验来完成,但是由于虚拟现实技术具有强大的人机交互功能和直观的感官性,因此,其在道路工程建设中具有广大的应用前景。

(1)虚拟现实技术与其他表现形式的区别

①与传统效果图画的比较

静止的效果图只能向观者以完全静态的方式展示项目的某一个或某几个方面,对观者提出的其他问题与要求必须以相近的图像或文字加以说明,运作起来不直观、不全面,具有相当大的局限性。而以虚拟现实技术为核心的多媒体介绍,以直观的方式将项目的所有信息全面动态并且真实地展现出来。在虚拟的世界中,人们可以任意角度观看自己感兴趣的内容,丝毫没有束缚感。

②与传统三维浏览动画的比较

浏览动画演示在一定程度上弥补了静止画面的不足,声音与动画同步播放,生动细致。动画演示的重点在于表现项目的艺术效果及感染力,使制作者追求最像、最美的表现形式,而项目中真实的空间关系及尺寸往往无法精准地表达。同时其表现内容及表现手法均是由动画制作者事先确定好的,有固定的路线、固定的内容,观者无法自由选择,更无法与动画中的内容进行交互,只能一直被动地观看,接受动画中固定的项目信息,既不能观看动画中固定的项目信息之外的信息,更不能按照自己的意愿去观看、查阅、检索信息。

通过虚拟现实建立实时动态计算机模型,是以CAD图纸为基础,模型的尺寸、数据以及所配备的声音、文字和画面等所有信息均以设计者的理念、意图和要求制作。制作者追求的是真实、准确地反映设计,同时也突出动态模型的实时交互作用,让观者按照自己的意愿采取自由的方式观看、查阅、检索项目的信息,这些都是动画及效果图无法具有的优势。

③与传统沙盘的比较

传统沙盘最大的缺点在于其空间的限制性大,不足以体现出整个项目的设计细节,同时制作者的工艺水平以及所采用的制作材料都会导致信息失真或信息量的匮乏。而虚拟现实为人们提供了一个无限自由的空间,可以将设计者的思路、理念、意图和要求全面地模拟出来,其信息是真实的、充分的。

表11-5是对以上四种表现形式的简单对比。

四种表现形式的对比 表11-5

表现形式	效果图展示	三维浏览动画	沙盘模型	虚拟现实
精确数据表现	不精确	不精确	较精确	精确
动态实时交互	无交互	无交互	部分可交互	实时交互
感知度	差	较差	较好	好
反映设计的内容	少	不全	不全	全面细致
浏览形式	固定	固定	有局限	完全自由
信息量	少	较多	较多	丰富完整

(2)虚拟现实技术对道路工程建设发挥的作用

①辅助决策

利用虚拟现实技术将CAD设计图纸适时转化为数字模型,可使项目决策者或专家做到快捷、直观、真实地对模型进行观察、分析和研究,提出要求,便于决策。

在目前的城市规划与建设中,大型复杂的工程项目具有一次性、不可逆性,涉及的领域及受影响的因素众多,决策者在工程建设过程中必须面对众多的信息做出快速、科学、正确的决策。然而常规的效果图动画等表现形式相对固定单一,表现的信息量不够丰富全面,同时还可能含有制作者的意愿,决策者无法快速全面地获取项目信息。

而虚拟现实技术完全是以CAD图纸为基础,将CAD中的数据及信息以1:1的比例真实准确地以交互式的三维动态图像展示出来,完整地表达设计者的意图。决策者通过对虚拟现实中的数字模型进行观察研究,可以全面高效地获取项目的信息,为决策提供直观科学准确的依据。虚拟现实丰富的信息量、多样化的展示方式及手段,还可令决策者在非常短的时间内找到自己所需的信息,加快决策过程。利用虚拟现实技术进行的苏通大桥桥区公园多方案对比如图11-12所示。

虚拟现实作为一种高新技术,对决策的辅助作用越来越突显,正在逐步被越来越多的决策者及专家接受。

图 11-12　苏通大桥桥区公园多方案对比

②优化设计

项目管理者和设计人通过分析数字模型制作过程以及模型直观表现存在的问题与缺陷,不断优化设计,提高设计质量。

目前工程项目的规模越来越庞大,涉及的专业领域跨度非常大,所有的设计都是由多个部门或单位分工设计完成的,在设计中不可避免地会出现一些问题或缺陷。虚拟现实技术以CAD图纸为基础,以1:1的真实比例,采用三维动态图像的形式真实、客观、全面地还原设计,在数字模型的建模过程中就可以发现这些问题和缺陷,辅助设计单位优化完善设计,如图11-13所示。

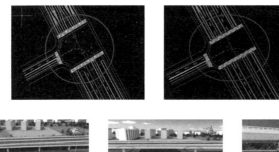 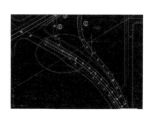

图 11-13　宁溧路快速化改造中通过虚拟现实技术对设计进行优化

在整体数字模型建立完成之后,通过对其观察、分析和研究,可以对工程项目的整体功能、配套设施、景观绿化、构筑物的谐调性等多方面是否合理进行直观的判断,并采用交互输入的方式对设计进行优化。

③成果展示

通过建立动态数字模型,虚拟现实可以全面、直观、准确地展示项目建设经历的实施过程、采用的先进技术、取得的优秀成果以及项目建成后对社会、经济、环境的重要作用。

综上,虚拟现实技术的魅力在于它的高效快捷,能进一步提高工作效率和帮助人们完成以前无法想象的事情。虚拟现实技术的发展历史,可以说是一个信息环境多维化的历史。创建多维信息环境、突破数字及文字的单维表现力的局限,这是人类的共同追求,也是全世界科技工作者代代相继的奋斗目标。

11.2.2 工程仿真案例分析

在城市道路的建设过程中多次采用虚拟现实技术进行工程仿真,虚拟现实仿真可以反映城市化改造完成后的一个整体效果,同时多角度多方位的实景模拟可以展示交通的每一个部分、每一个细节。对设计过程中及时发现问题进行优化,以及供专家和领导决策都有着非常重要的意义和作用。下面就工程仿真案例进行分析。

(1)南京江北大道改造工程

南京江北大道改造工程浦口新城段起点位于龙华路、纬七路和浦珠路交叉口,路线沿浦珠路向东北延伸,止于规划纬三路与浦珠路的交叉口。项目按城市快速路标准建设,主线设计速度80km/h,辅路设计速度40km/h,规划标准断面主线双向六车道,辅路双向四~六车道。图11-14 为江北大道快速路仿真模拟示意图,图11-15 为互通模拟效果示意图。

图11-14　江北大道快速路仿真模拟示意图

图11-15　互通模拟效果示意图

(2) 常州青洋路改造工程

青洋路起于滆湖东路,终于宜兴范蠡大道,全长约 20.9km。规划为快速干线,主线设计速度为 100km/h 或 80km/h,辅路设计速度为 50km/h 或 40km/h,标准断面为主线双向六车道,辅路局部设置二～四车道。图 11-16 为主线下穿工业大道效果图,图 11-17 为青洋路与嬉戏谷连接线设置互通示意图。

图 11-16　主线下穿工业大道效果图

图 11-17　青洋路与嬉戏谷连接线设置互通示意图

(3) 徐州三环西路改造工程

三环西路快速路起于原体育之乡环岛,接北环高架向南跨越九里山路、云飞路。云飞路两侧设两对上下匝道,形成简易菱形立交。主线高架在襄王南路北侧落地,以地面式快速路形式下穿规划陇海铁路线改线、规划铜山联络线和现状陇海铁路,以隧道下穿铜沛路(规划二环北路),预留二环北路互通式立交。跨越黄河故道后起坡,以高架跨越矿山路,矿山路设隧道下穿三环西路辅路,形成三层菱形立交。主线高架在跨越淮海西路、徐萧公路后落地,以地面式快速路接三环南路。

三环西路全长约8.24km。快速路采用高架+隧道方案,其中高架段6.175km,地面段2.065km。全线辅路贯通。断面标准为主六辅六,主线设计速度为80km/h,地面辅路设计速度为50km/h。三环西路共设置出入口7对,其中高架桥上下匝道5对,分别布设于原体育之乡环岛南侧、云飞路两侧、矿山路两侧;地面出入口2对,分别布设于铜沛路南侧、徐萧公路南侧。图11-18为三环西路高架效果模拟示意图,图11-19为三环西路下穿陇海铁路仿真模拟图。

图11-18　三环西路高架效果模拟示意图

图11-19　三环西路下穿陇海铁路仿真模拟图

参 考 文 献

[1] 陈建新.城市化地区公路网建设规划与管理策略研究[D].南京:东南大学,2003.
[2] 杨煜琪.城市化地区交通发展战略研究——以苏南地区为例[D].南京:东南大学,2004.
[3] 刘海强.城市化进程中干线公路网发展适应性评价体系研究[D].南京:东南大学,2005.
[4] 彭庆艳,蒋应红.城市化进程中公路与城市道路关系研究——以上海市嘉定区道路系统为例[J].城市交通,2007,5(2):47-50.
[5] 吴祖峰,茅国振,高红升,等.公路与城市道路的融合研究——以宁波市江北区为例[J].城市管理与科技,2005,7(2):75-76.
[6] 姚玲玲.公路和城市道路技术标准确定探讨[J].科技信息(科学教研),2007(21):382+312.
[7] 钟宇翔.开放式干线公路过境设计研究[D].南京:东南大学,2008.
[8] 朱水坤,陈必,陈飞.快速城市化地区干线公路断面布置型式研究[J].公路交通科技(应用技术版),2006(9):66-68.
[9] 中华人民共和国住房和城乡建设部.城市快速路设计规程:CJJ 129—2009[S].北京:中国建筑工业出版社,2009.
[10] 中华人民共和国交通运输部.公路路线设计规范:JTG D20—2017[S].北京:人民交通出版社股份有限公司,2017.
[11] 中华人民共和国住房和城乡建设部.城市道路交叉口设计规程:CJJ 152—2010[S].北京:中国建筑工业出版社,2010.
[12] 中华人民共和国住房和城乡建设部.城市道路路线设计规范:CJJ 193—2012[S].北京:中国建筑工业出版社,2012.
[13] 中华人民共和国住房和城乡建设部.城市道路工程设计规范(2016年版):CJJ 37—2012[S].北京:中国建筑工业出版社,2016.